言語の科学4　意　味

編集委員
大津由紀雄
郡司隆男
田窪行則
長尾　真
橋田浩一
益岡隆志
松本裕治

意 味

言語の科学

4

郡司隆男
阿部泰明
白井賢一郎
坂原　茂
松本裕治

岩波書店

執筆者

学習の手引き　郡司隆男
第1章　　　阿部泰明
第2章　　　白井賢一郎
第3章　　　坂原　茂
第4章　　　松本裕治

〈言語の科学〉へのいざない

　私たちが日常，あたりまえのように使っている言語．その言語の性質を解明することは，長年にわたる人間の知的挑戦の対象であった．では，言語を科学的に研究すること，すなわち自然科学的な方法で研究することは可能だろうか．それは可能であり，また必要であるというのが私たちの見解である．

　歴史的に見ても，すでに，紀元前のインドでは形式的な文法体系の記述がなされ，下って19世紀にはヨーロッパの言語を対象とした比較言語学の厳密な方法論が確立されていた．20世紀に至ってからは，初頭の一般言語学の確立を経て，20世紀後半には音韻体系，文法範疇などの形式的記述が洗練され，言語を科学的にとらえる試みは着実に成果を上げてきたと考えられる．

　さらに20世紀以降のコンピュータの発達は，言語現象に対する情報論的視点という新たな見方をもたらした．現在，音声認識・音声合成技術の発展，形式化された文法による構文解析技術を応用した機械翻訳システムの開発など，言語のさまざまな側面が，機械処理の対象となり得るほどに明らかにされつつある．

　しかし，従来の学問観に従う一般的な認識では，言語学は自然科学の一部門ではなく，人文学の領域に属すると見なされる傾向が強いのも事実であろう．本叢書では，言語を一種の自然現象と見なす方法を前提としている．特に，物理学のような典型的な自然科学に範をとるだけでなく，情報のような抽象的な存在を対象にする情報科学など，近年の自然科学のさまざまな方法論に立脚し，言語を，人間が，そして人間のみが，自在にあやつる，情報の一つの自然な形態として捉える見方に立っている．

　そのような言語観に立った場合，さまざまな興味深い知的営みが可能になる．現在どのような分野の研究が言語の研究として行なわれているのか，言語の研究者によってどのような研究対象が設定されているのか，それぞれの研究はどのような段階に至っているのか，また，今後どのような研究が期待されているのかということを，人文系・理工系を問わず，できるだけわかりやすく読者に示すことを試みた．

本叢書はもともと，岩波講座「言語の科学」として刊行されたものである．本叢書の特色は，言語の研究に深く関連している言語学，国語学，言語心理学，言語教育，情報科学，認知科学などの研究分野の，従来の縦割りの枠に捉われず，これらの学問の最新の成果を学際的に統合する観点に立っていることにある．

　本叢書のもう一つの特徴は，各巻を研究対象ごとに分けた上で，さまざまな角度からの研究方法を統合的に紹介することを試みたことである．文科系の読者が自然科学的な方法を，また，理工系の読者が人文学的な知識を，無理なく身につけることが可能となる構成をとるように工夫した．

　以上のような趣旨をいかすため，各巻において，言語に関する研究の世界の第一線の研究者に執筆をお願いした．各執筆者には，基本的な事柄を中心にすえた上で，ときには最先端の研究動向の一端も含めて，読者が容易に理解できるように解説していただいた．幸いにして私たちの刊行の趣旨を理解していただき，現時点において最良の執筆陣を得られたと自負している．

　全体の巻構成と，この叢書がなぜこのように編成されたか，ということを簡単に説明しておこう．本叢書の各巻のタイトルは次のようになっている．

　　1　言語の科学入門　　7　談話と文脈
　　2　音声　　　　　　　8　言語の数理
　　3　単語と辞書　　　　9　言語情報処理
　　4　意味　　　　　　 10　言語の獲得と喪失
　　5　文法　　　　　　 11　言語科学と関連領域
　　6　生成文法

　「科学」としての言語学という性格を一番端的に表わしているのは，第6巻で解説される「生成文法」という，20世紀半ばに誕生した文法システムであろう．生成文法は言語獲得という事実にその経験的基盤を求める．そこで第10巻『言語の獲得と喪失』では，言語の獲得と喪失が言語の科学とどう有機的に結びつくのかを明らかにする．一方，第5巻では，生成文法誕生以前にさかのぼり，特定の理論的枠組によらない，文法研究そのものを検討する．「文法」に関する2つの巻，およびそれと深く関連する第10巻は，言語学の科学としての性格が特に濃厚な部分である．

第7巻『談話と文脈』は，これとは対照的に，言語の使い手としての人間に深くかかわるトピックを扱う．その意味で，人文学的な研究とも通じる，言語研究の「醍醐味」を感じさせる分野であるが，形式化などの点からは今後の発展が期待される分野である．

　文法に関する2つの巻を第7巻と反対側からはさむ形で第4巻『意味』がある．ここでは，科学的な性格が色濃く出ているアプローチ（第2章）と，言語の使い手としての人間という見方を強く出しているアプローチ（第3章）が並行して提示されているので，読者は意味の問題の奥深さを感じとることができるだろう．

　第2巻の『音声』については，音響に関して物理学的な研究法がすでにある．この巻では，そのような研究と，言語学の中で発達してきた方法論との双方が提示され，音声研究の幅の広さが示されている．

　第3巻『言語と辞書』は音声と意味との仲立ちをする装置としての語彙についての解説である．これも，言語学や心理学の中で開発されてきた方法論と，より最近の機械処理の立場からの研究の双方を提示している．

　第8巻『言語の数理』と第9巻『言語情報処理』は言語科学の研究の基礎的な部分の解説であり，特に，数学や情報科学になじみのない読者に必要最小限の知識をもっていただくことを意図して書かれている．これらは，言語科学の技術的側面が最も強く出ている巻でもあろう．言語の研究におけるコンピュータの役割の大きさは，ほとんどの巻にコンピュータに関連する章があることからも明らかであるが，特に言語を機械で扱う「情報」という形で正面から捉えた巻として第9巻を位置付けることができる．

　最後の第11巻『言語科学と関連領域』は，言語の科学そのものに加えて，それに関連する学問との接点を探る試みである．特に，言語の科学は，人間そのものを対象とする心理学，医学，教育学などと深い関連をもつので，それらに関する章が設けられている．

　言語に関わる現象は多岐にわたるが，本叢書の巻構成は言語現象ごとに1ないし2巻をあて，各巻の内容は大筋において独立なので，読者はどの巻からでも読み始めることができる．ただし，第1巻では本叢書の中心的な内容を先取りする形で，そもそも「言語の科学」という課題がなぜ設定されたか，という点について述べているので，まず最初に読むことをお薦めする．

この叢書は，言語学科に学ぶ学生や言語の研究者に限らず，言語に関心をもつ，すべての分野の，すべての年代の人々を読者として企画されたものである．本叢書がきっかけとなって，従来の言語学に何かつかみどころのない点を感じていた理工系志向の読者が言語の科学的研究に興味を示し，その一方で，今まで科学とは縁がないと考えていた人文系志向の読者が言語の研究の科学的側面に関心をもってくれることを期待する．そして，その結果，従来の志向にかかわらず，両者の間に真の対話と共有の場が生まれれば，編集委員としては望外の幸せである．

　2004年4月

大津由紀雄
郡司隆男
田窪行則
長尾　真
橋田浩一
益岡隆志
松本裕治

学習の手引き

歴史的背景

　自然言語の意味の研究は，長い間言語学の研究対象とされてこなかった．本講座の第1巻第2章からわかるように，18世紀から19世紀の言語学は比較言語学という，言語間の親戚関係や変化の過程を裏付ける研究が中心であったし，20世紀の構造主義言語学は，F. de Saussureが音と意味とが一体化したものを言語と定義付けたにもかかわらず，初めは音韻論，後に形態論に手を染めたにすぎない．

　本巻の第1章で語られているように，アメリカ構造主義においては，意味を言語学にもちこむことはタブーであった．しかし，構造主義という理論が意味と無関係に成立していたわけではない．例えば，最小対という概念を用いて確立される，対立が存在するか否かというような問題には「音が一部異なるだけで意味が異なる」という判定基準が用いられている．また，形態素という概念も，「それ以上細かく分解すると意味をもたない音の集まり」という形で定義されるならば，それは意味と無縁のものではあり得ない．かくして，構造主義の言語学はその中に矛盾を抱えたまま，**生成文法**(generative grammar)の擡頭を迎えることになるのである．

　20世紀後半の生成文法は，人間の内観を用いる研究方法を取り入れた．その結果，その研究対象から意味を排除しなくてはならない理由はなくなったことになる．しかし，生成文法の研究対象は圧倒的に統語論であり，初期の**深層構造**(deep structure)，今日の**論理形式**(logical form)など，意味とのインターフェースは用意されてきたものの，意味とは何か，それをどのように記述すべきか，というような問題には，ほとんどの研究者は関心をもってこなかったと言ってよい．

　もちろん，言語の意味の研究に，言語に係わる研究者全員が冷淡であったわけではないであろう．しかし，歴史的には，意味の研究は，言語学の外からの研究が言語学に流れこみ，それを言語学者が利用するという形で発展してきたのである．実際，意味の研究という分野に大きく貢献してきたのは哲学者（論

x　　学習の手引き

理学者)と計算機科学者であった．そのような事情を反映して，本巻の構成も，第2章と第4章に，このそれぞれの分野からの貢献を大きくとりあげた記述が中心となっているが，それは，このような事情を比較的正確に反映した結果であると言える．

(1) 生成文法での意味研究

したがって，意味の研究が本格的に始まったのは20世紀の後半以後であるということになる．もちろん，論理学者たちの研究は19世紀以前に遡るが，ここでは，自然言語の表現との直接の対応を強く意識した**モンタギュー意味論**(Montague semantics)を論理的な自然言語の意味論の開始と考えるのが妥当であろう．

生成文法の初期には，第1章で解説があるとおり，**語彙分解**(lexical decomposition)という考え方があった．これは，意味素性によって単語の意味を記述するという提案である．このような考え方は，2値的な素性の値を共有する単語同士には**自然類**(natural class)としての親近性があるとする前提に立っていた．しかし，どのような素性を用いるべきかという点に恣意性が避けられないという弱点をもつ．例えば，第1章の例のbachelorの記述に出てくる素性のmarriedなどが，本当に語彙を分解していって得られる原子的な意味概念に対応しているのかどうか，という点について真剣な検討がなされたかどうかは疑わしい(日本語の「婚姻」という概念が決して原子的なものでないということを示した研究に水谷(1995)がある)．

このような記述は，論理学者から見たら，単に自然言語の表現を人工言語の表現に移しただけであり，依然として統語論の中での変換にすぎなかった．彼らにとっての意味論とは，言語と外界との関係を付ける理論であり，言語から言語への変換は単に，**マーカー語**(markerese)という別の言語への翻訳に過ぎなかったのである(Lewis 1970)．

マーカー語を越えて，語彙意味論が研究されるようになるのは，1980年代に入ってからであり，本格的な研究は，第4章で解説があるR. Jackendoffの**語彙概念構造**(lexical conceptual structure)からであろう(Jackendoff 1983, 1987, 1990)．なお，同じく第4章で解説があるR. Schankの**概念依存**(conceptual dependency)は，名前がまぎらわしいが，計算機科学者の側からの語彙分解のアプローチである．第4章では詳しく触れていないが，このアプローチは後に

発展して（というよりマーカー語の限界を越えるべく発展せざるを得ず）談話の文脈や場面などを考慮するモデルとなった．

　語彙分解とは少し違ったアプローチとして，文を構成する要素を意味的な性質によって分類・整理していく方向が**意味役割**(semantic role, thematic role)という概念である（第 5 巻第 3 章参照）．これと同類の研究として，初期の生成文法の中から出てきた意味研究の一つの，C. Fillmore の**格文法**(case grammar) がある．「格」や「文法」という名前が付いていることから，統語論の理論であるかのように誤解されかねないが，本来 grammar というのは音韻論，統語論，意味論を含む概念であり，格文法は，どちらかというと，意味の理論なのである．そのため，意味の理論として取り上げて，第 4 章でその基本的な考え方が解説されている．格文法の「格」が今日では意味役割と呼ばれている概念であることなどは第 5 巻第 3 章に解説されているので，第 4 章と合わせて，そちらも参照されたい．

　生成文法は「標準理論」の時代の後に**言語学戦争**(linguistic wars) の時代に入った（第 6 巻参照）．標準理論では統語論と意味論とのインターフェースは深層構造が担うとされていたが，量化現象などにおいて，そのようなモデルでは矛盾が出ることが指摘された（例えば，Partee (1971) 参照）のが一因である．そこから，このモデルを維持しつつ，「深層構造」というものに対する仮定を大きく変えようという**生成意味論**(generative semantics) と，モデルそのものを大きく変えようという**解釈意味論**(interpretive semantics) との全面戦争に入る．このとき，生成意味論者が採用したのは，意味論とのインターフェースであるべき「基底構造」には，語彙分解された抽象的な語彙項目が登場してもよい，という考え方である．これにより「殺す」のような動詞は CAUSE, NOT, ALIVE というようないくつかの抽象的な語彙項目が合成されてできると主張された．

　生成意味論は生成文法の主流とはなり得なかった．結局「基底構造」がマーカー語にすぎなかったということも一つの敗因であろう．例えば，CAUSE とは何か，ということに対して，論理学者が満足できるような意味論が与えられなかったのである．これに対立した解釈意味論は，おそらく他の理由から，生き延び，**GB 理論**を経て，**極小モデル**(minimalist program) という形に変容を遂げている（第 6 巻参照）．これらの，より最近の理論における意味論とのインターフェースは，派生の最後の段階に設定される論理形式である．論理形式自

体はやはりマーカー語にすぎず，論理学者が満足するような意味論は与えられていない．結局，生成文法では，今日に至るまで，意味論そのものの議論はなく，意味論を統語論のどこと連絡させるか，という論争があったのみである，と言えるのである．

(2) 生成意味論のその後

しかし，意味論のその後の発展という観点から見ると，興味深いのは，生成意味論者のその後である．彼らのその後の人生は大きく二つに分かれる．一つは，マーカー語の不十分さを認識し，論理学者たちの伝統に則って，正統的なやり方で意味論を構築しようとする立場である．その際に基準となったのは，ちょうど生成意味論の消滅の時期と前後して発表された R. Montague の論文(集)であった(Montague 1974)．その具体的な内容については第 2 章に詳しいのでそちらを熟読してもらいたいが，Montague という，生成文法はおろか，言語学の伝統の中で育ったのでない人間から生まれた理論が，そのきっかけとなったことに注意しておきたい．アメリカ西海岸在住であった Montague 自身は，生成文法という研究が存在することは意識しており，「MIT から出てくる理論」というような言い方で東海岸の言語学(特に統語論)のやり方を揶揄しているが(Montague 1973)，意味論と対になる統語論に，**範疇文法**(categorial grammar)という，当時は論理学者の間でしかなじみのなかった文法をもってくるあたり，独自の理論を作るということにかなりの自負心があったのかもしれない．

しかし，Montague の理論が言語学者に理解されて，広まるにはもう少し時間を要した．そこには，初期の生成文法家および生成意味論者たちが開発した様々な道具がとりこまれる必要があったのである．例えば Dowty (1972, 1979) は，英語の動詞のアスペクトの分析に，CAUSE のような抽象的な述語を使って語彙分解する考え方を採用しているが，マーカー語への翻訳でおわりとするのではなく，Montague の理論に準拠した意味論を与えている．このような形になって初めて二つの伝統は結び付いたのである．

一方，生成意味論の中心にいた研究者たちは，戦後，むしろ，形式化そのものに限界を感じてしまったように見える．**人工知能**(artificial intelligence)に興味を示したり，理論化ということから一切手を引いて，テレビのコマーシャルやレストランのメニューを「言語学的に」分析したりという紆余曲折を経て，

1980年代になって**認知言語学**(cognitive linguistics)という名の意味論を打ちだした．G. Lakoff というのは生成意味論の中心的人物の一人であったが，今日ではむしろ認知言語学の第一人者の一人としてよく知られている．

本巻でとりあげた二つの立場
(1) 論理的アプローチ

第2章でとりあげた，「論理的アプローチ」というのは，モンタギュー意味論の流れを汲むものである．このアプローチは，**形式意味論**(formal semantics)とも呼ばれることからもわかるように，意味を形式的に捉えるものである．ただし，「形式的」ということは決して表面的であるということではなく，自然言語に見られる規則性を客観的な手法によってあぶり出すという点において，20世紀後半の言語学の科学性の伝統の中にあるものである．

第2章のはじめに詳しく説明されるモンタギュー意味論は，登場からすでに30年以上を経ている．そこでも触れられているように，様々な問題点があることも明らかになっている．しかし，自然言語の論理的な意味を体系的に表示する方法の端緒を開いたという点で，その功績は長く評価されるべきであろう．例えば，論理学の入門書では，「あらゆる」を含む文と「ある」を含む文とではまったく違う形の式が示されるが，それはなぜなのか，ということは説明されないままであった．実は，固有名詞も，「ある」+名詞も，「あらゆる」+名詞も，まったく同じ意味的性質をもつということが Montague によって明らかにされ，後の**一般量化子**(generalized quantifier)の研究に発展したのである．

モンタギュー意味論は，確かに意味の理論ではあるのだが，Montague 自身は自分の理論を「統語論および意味論」という形で提出している．その意味ではまさに，彼は「文法」(上記の本来の意味で)を提示したのだと言える．そして，彼の「普遍文法」(第2章での意味)は，統語構造と意味構造とは，構造内部の関係が保存される形で対応付けられる，よく似た構造であるべきだという考え方を強く打ち出している．統語構造と意味構造を一体のものと見なそうとした生成意味論者たちの試みは，このような形で一つの解を与えられることになったと言えるであろう．

第2章では，上のような画期的な意味をもったモンタギュー意味論の問題点を整理した上で，その後の発展形として，**状況意味論**(situation semantics)

と**動的意味論**(dynamic semantics)を中心とした解説が続く．具体的な形式的記述をほとんど避けてはいるものの(あるいは却ってそのために)，一部の読者にとってはわかりにくい面があるかもしれないが，形式化された結果よりも，基本的な考え方を中心に理解してもらえれば十分であろう．そもそも，形式表示を得て事足れりとするのは，マーカー語に満足するのと同じ態度でしかないのであるから．

　形式意味論は，一見すると束縛がきつすぎて，表現能力を自ら不必要に狭めているように感じられるかもしれない．実際，そのような印象をもった研究者が十分な数存在したことは，第3章で解説される認知的アプローチの勃興からも窺える．しかし，第1章で指摘される，意味論の基本的な問題の数々に十分明示的に答えることができる理論は，今のところ，このようなアプローチ以外にはないのであるということは指摘しておきたい．

(2) 認知的アプローチ

　第3章の「認知的アプローチ」は，認知言語学と呼ばれている，比較的最近の研究を中心に解説している．「認知言語学」という名になっていても，『意味』の巻の中で取り上げたのは，研究対象の中心が自然言語の意味の記述にあり，**認知意味論**(cognitive semantics)とも呼ばれているためである．

　このアプローチの特徴は，必ずしも形式化に重きを置かないということである．それは，第3章の著者の言葉を借りて言えば「非還元主義」ということであり，第1章に登場した，初期生成文法の語彙分解や，第4章で触れられているSchankの概念依存などを排除することはもちろん，第2章の基本的な原理の一つである**フレーゲの原理**(**構成性原理**(principle of compositionality))さえも，時として否定する．あるいは，否定した方がよいような例の分析に力を入れている．確かに，第3章の例文を見ればわかるように，このアプローチによる研究から，興味深い現象が数多く発見されている．

　その結果，イディオムなどの，還元することによっては説明できない現象や，メタファーなどの，辞書に載っている，静止した意味記述では都合が悪い例の動的な説明を求めることになる．文や単語の意味が動的にしか決まらないという立場をとるということは，文法も文文法に留まっていては不十分であるということである．

　ここに，認知的アプローチの魅力とともに一つの難しさがあると思う．意味

の研究が必然的に広がり，談話や言葉を使う人間の心理や社会の問題とも係わってこざるを得ないのである．一つの単語の意味が時代とともに拡張されてくるという事情を正確に把握するには，共時的な研究に留まらず，通時的な研究も必要となるであろう．これは，まさに言語研究の醍醐味であるが，それとともに，研究者により幅広い視野を要求することになるのである．第3章の限られた紙数では，読者はこのような醍醐味の一端にしか触れることができないが，それとともにこのような企ての難しさを感じることもあろう．

　形式化という点においては，認知的アプローチにはまだまだ多くを今後に期待しなくてはならない．第2章のアプローチが，単語や文の統語論において生成文法が実績を積み重ねてきたのと並行的に成果を挙げてきたのと比較すると，談話や話し手・聞き手のモデルなどの言語運用に係わる分野の形式的な研究は遅れており，これらの研究の今後の発展に依存する面があるからである．第1章の最後の方で少し触れられているトピックであり，第7巻において詳しく説明される，**談話表示理論** (discourse representation theory) や**会話の含意（推意）** (conversational implicature)，**言語行為（発話行為）** (speech act) の理論など，この分野における形式化の試みの動向と合わせて，認知的アプローチの今後を見守る必要がある．

　さらに，「言語の科学」として認知的アプローチの意味論を考えた場合，あり得る一つの懸念は，眼前の現象の記述を越えて予測能力をもつことができるか，ということである．もちろん，再現性とか予測可能性というのは近代科学と分かち難く結び付いた概念であり，この概念自体を疑うことも可能であるが，それでは，いつまでも，他の言語の科学と同じ土俵の上で闘うことにならないだろう．この点に関して，第3章では，そのような懸念に対する一つの解答とも考えられる「作用連鎖モデル」が詳しく解説され，言語の類型論的な違いが，一つのモデルから統一的に説明されることが示されている．このアプローチが予測能力をもつことの実例であり，近代科学との接点を示すものであると考えてもよいであろう．

　第3章においては，現在の段階で有効と考えられる，いくつかの「研究方略」が提案されている．認知的アプローチは，個別の現象の分析においてもすでに一定の成果を挙げているが，今後期待されることの一つは，近代科学や，それに範をとった生成文法などの形式的言語学とは少し違った角度からの研究

方略を提示する，ということである．

　例えば，「プロトタイプ」の概念である．プロトタイプというのは，物理学などではおそらく使われることの少ない概念であろう．生成文法の統語論においても，統語範疇は古典的カテゴリーであり，プロトタイプ的カテゴリーとされることはない．しかし，言語現象に関しては，境界を厳然と立てることができないことが多く，意味のみならず，音韻現象においても知覚・産出の両面でプロトタイプ的カテゴリーの有効性が指摘されている．

　なお，第4章で説明される**生成語彙**(generative lexicon)は，生成文法と「生成」という言葉を共有しているが，この場合の生成は文字通り語彙を動的に構成していく意味であり，第3章のアプローチの特徴である，プロトタイプ的カテゴリーの概念に基づいた理論であると言うことができる．計算機科学の中から生まれ，素性構造による明示的な表示を用いているため，一見，形式的なアプローチに見えるが，表示はあくまでも表示にすぎず，それに明示的な解釈を定義しなくてはマーカー語に終わってしまう．生成語彙にはそのための様々な工夫が巧みに取り入れられている．その意味では，生成語彙のアプローチは，プロトタイプ的カテゴリーと形式的な表示を巧みに融合させた，興味深いアプローチであると言えるであろう．第4章のこの部分の記述は，生成語彙に関する，現在日本語で読める数少ない紹介の一つであり，ここから興味をもった読者は是非原本にあたっていただきたい．

本叢書の他の巻との関連

　この手引きでは，関係のある箇所で，他の巻の内容を参照しておいたが，最後に，それ以外に触れるべきである，本叢書の他の箇所との関連をまとめておく．

　語の意味から始まって，文の意味，さらに，談話の意味へと拡がっていく意味論は，言語のあらゆるレベルで研究されている．第4章で紹介されている語彙意味論については，第3巻で主に形態論の中での位置付けがなされている．文の意味については，第2章のフレーゲの原理を基本とすると，統語論全体がどのように組み立てられているかが重要な要素となり，第5巻，第6巻の二つの文法の巻が参考になるであろう．談話の意味に関しては，第1章で少し触れられている，会話の含意などが重要な概念となってくるが，この話題について

は第 7 巻全体が取り扱っている．

　第 3 章や第 4 章の記述から，意味の記述は，人間がもっている世界に関する知識と切り離せないことが明らかになったと思うが，知識の問題を人間・機械の両方の立場から取り扱っているのが第 7 巻および第 8 巻である．

　第 4 章で意味記述の形式的記述体系として解説されている「単一化文法」には特に計算言語学的なシステムとして様々なものがある．これらについては第 8 巻を参照されたい．

　意味の問題は決して一冊の本で語り尽くせるものではない．本巻はその入口を示したにすぎないが，引き続き勉強を進めるための適切な刺激となっていることを望みたい．

目　　次

　〈言語の科学〉へのいざない ・・・・・・・・・・・・・・・・・・・・　v
　学習の手引き ・・・・・・・・・・・・・・・・・・・・・・・・・・・　ix

1　意味論の基礎 ・・・・・・・・・・・・・・・・・・・・・・・・・　1
　1.1　言語研究における意味論の役割 ・・・・・・・・・・・・・・・　3
　1.2　言語表現の意味と使用者の意味 ・・・・・・・・・・・・・・・　4
　1.3　語の意味関係 ・・・・・・・・・・・・・・・・・・・・・・・　6
　1.4　意義と指示 ・・・・・・・・・・・・・・・・・・・・・・・・　11
　1.5　文の論理形式と量化子 ・・・・・・・・・・・・・・・・・・・　13
　1.6　確定記述 ・・・・・・・・・・・・・・・・・・・・・・・・・　18
　1.7　不透明な文脈 ・・・・・・・・・・・・・・・・・・・・・・・　21
　1.8　ラムダ演算子 ・・・・・・・・・・・・・・・・・・・・・・・　24
　1.9　伴立・前提・会話の含意 ・・・・・・・・・・・・・・・・・・　28
　1.10　時と出来事の構造 ・・・・・・・・・・・・・・・・・・・・・　31
　第 1 章のまとめ ・・・・・・・・・・・・・・・・・・・・・・・・・　35

2　論理的アプローチ ・・・・・・・・・・・・・・・・・・・・・・・　37
　2.1　言語と論理 ・・・・・・・・・・・・・・・・・・・・・・・・　39
　2.2　モンタギュー意味論 ・・・・・・・・・・・・・・・・・・・・　40
　　　(a)　モンタギュー意味論の登場 ・・・・・・・・・・・・・・・　40
　　　(b)　モンタギュー意味論の基本的考え ・・・・・・・・・・・・　43
　　　(c)　Montague の英語の名詞句の分析 ・・・・・・・・・・・・　49
　2.3　最近の形式意味論の展開 ・・・・・・・・・・・・・・・・・・　53
　　　(a)　Montague 以降の発展の概略 ・・・・・・・・・・・・・・　53
　　　(b)　モンタギュー意味論の基本的問題 ・・・・・・・・・・・・　56
　2.4　状況意味論 ・・・・・・・・・・・・・・・・・・・・・・・・　61
　　　(a)　言語の情報伝達機能と効率性 ・・・・・・・・・・・・・・　61

   (b) 意味の関係理論 ･････････････････････　*64*

 2.5 動的意味論 ･･････････････････････････　*71*
   (a) 動的意味論の基本的考え ････････････････　*72*
   (b) 動的述語論理とアップデート意味論 ･･････　*74*
   (c) 談話表示理論の最近の展開 ･･････････････　*81*

 第2章のまとめ ･･････････････････････････････　*82*

3 認知的アプローチ ･･････････････････････････　*83*

 3.1 認知言語学の登場 ･･････････････････････　*85*
 3.2 認知言語学の特徴 ･･････････････････････　*87*
   (a) 認知プロセスの重視 ･･････････････････　*87*
   (b) 言語能力の自律性，モジュール性の否定 ･･　*87*
   (c) プロトタイプ的言語理論 ･･････････････　*88*
   (d) 非還元主義 ････････････････････････　*88*
 3.3 カテゴリー ･････････････････････････　*90*
   (a) 古典的カテゴリーの特徴 ･･････････････　*91*
   (b) Wittgenstein と家族的類似 ････････････　*92*
   (c) カテゴリー境界の不明瞭性 ････････････　*93*
   (d) 非客観的カテゴリー ･･････････････････　*93*
   (e) プロトタイプ ･･････････････････････　*95*
   (f) プロトタイプ効果 ･･････････････････　*96*
   (g) カテゴリーの階層化と基本レベル ･･････　*97*
   (h) トートロジー ･･････････････････････　*98*
   (i) プロトタイプ意味論 ･･････････････････　*100*
   (j) フレーム意味論：カテゴリーと背景情報 ･･　*101*
   (k) カテゴリーの拡張：多義，放射状カテゴリー ･･　*102*
 3.4 メタファー：カテゴリー拡張と認知方略 ･･･　*104*
   (a) メタファーの体系性 ･･････････････････　*105*
   (b) メタファーと視点 ････････････････････　*106*
   (c) 言語についてのメタファー：導管メタファー ･･　*106*
   (d) 多領域メタファー理論 ････････････････　*107*
   (e) 不変仮説：「来る」と構造保持 ･･････････　*109*
 3.5 ものと事件の概念化：品詞と構文 ･･････　*111*

- (a) 品詞とプロトタイプ ･･････････ *111*
- (b) 非プロトタイプ，超プロトタイプ ･････ *112*
- (c) 非プロトタイプ的用法 ･･･････････ *113*
- (d) 事件のステレオタイプ的概念化，動詞の意味分析と文法関係 ･･･ *114*
- (e) 融合，複合動詞，作用連鎖の拡大縮小 ･･ *115*
- (f) 適用，使役，受身，逆受身 ･･･････ *117*
- (g) 精神活動，所有関係 ･･････････ *119*
- 3.6 結　論 ･･････････････････ *122*
- 第3章のまとめ ･･･････････････ *123*

4 意味と計算 ･･････････････････ *125*

- 4.1 自然言語処理における意味の取り扱い ････ *127*
  - (a) 格文法と格フレーム ･････････ *127*
  - (b) 概念依存 ････････････････ *129*
  - (c) 単一化文法 ･･････････････ *130*
- 4.2 知識表現 ･･････････････････ *137*
  - (a) KL-ONE, Krypton ･････････････ *138*
  - (b) ψ 項 ････････････････ *140*
  - (c) Frame Logic (F-Logic) ･･････････ *144*
- 4.3 語彙意味論 ･･････････････････ *147*
  - (a) 語彙概念構造 ････････････ *150*
  - (b) 生成語彙 ･･････････････ *157*
- 4.4 意味表現と語彙知識獲得 ･････････ *165*
- 第4章のまとめ ･･････････････ *166*

用語解説 ･･････････････････････ *169*
読書案内 ･･････････････････････ *171*
参考文献 ･･････････････････････ *177*
索　引 ･･････････････････････ *185*

1
意味論の基礎

1 意味論の基礎

【本章の課題】

　古来より，意味とは何かという問いは多くの哲学者，論理学者，言語学者，心理学者を悩ませてきた．残念ながらこの問いに対する簡単な答えは見つからない．本章では，言語研究の一つの分野としての意味論の姿を様々なアプローチで解き明かしていく後続章につなげるべく，意味論の範疇と思われてきた様々な現象をとりあげながら，意味論における問題の所在を明らかにしていく．

　語の意味とは何かという疑問から出発して，意味が未分析の渾沌とした姿から規則性を内包した形式的記述を可能ならしめる体系であることを見ていく．コミュニケーションの道具であるところの言語であるがゆえに，言語それ自体が持っている意味の特質とそれを使う人間の心理的様態に関わる特質とを明確に分離しながら，文の意味の理解にまつわる様々な道具立て，特に量化子を含んだ一階述語論理の基礎をインフォーマルな形で導入する．

　古典的な意味の諸問題のうちで，特に意義と指示の区別，量化子の作用域の問題，確定記述，不透明な文脈，ラムダ演算子，含意と前提，時制，出来事の構造などを順次眺めていく．

1.1 言語研究における意味論の役割

言語の研究においては，言語表現がどのような原理に基づいて構成され解釈されているかを解明することが大きな目標である．その中でも，情報伝達という大きな枠組みの中で言語表現が持つ価値を理解することは，最も重要な課題であると考えられる．意味論は人間の発話行為という現象のなかで，各言語表現の単位が固有に備えている意味特性を研究する部門であり，最終的には統語論，音韻論，形態論などと共に，文法の重要な一組織を構成する．

言語学の発展の一時期において，特に1940年代から1960年代初頭にかけて隆盛を誇ったアメリカ構造主義言語学の伝統の中で，「意味」という不鮮明で非客観的な概念は，機械的・客観的な発見の手順を求めるという当時の方法論からは「不純物」として排除されていたことさえある (Bloomfield 1933; Bloch & Trager 1942)．その後生成文法の枠組みの中で，意味部門が形式的文法理論の仕組みの一部として市民権を得てからは (Katz & Fodor (1963) が生成文法における意味論の基盤を提案した)，論理学を中心とした哲学の世界で行われてきた意味論研究の伝統と相互に刺激を与えつつ，文法理論のなかで重要な地位を確立している．

Chomsky (1965) は言語能力と言語運用を明確に区別している．**言語能力** (linguistic competence) が理想化された条件下でことばを操る人間の潜在的能力であるのに対し，実際の言語の使用に直接関わる**言語運用** (linguistic performance) は，人間の他の認知能力の制約，例えば短期記憶などの制約，に大きく影響される．言語学がこの意味での母語使用者(ネイティブスピーカー)の言語能力を記述することを目標にしている以上，彼らが持っている意味に関する直観の一部として，意味に関わる直観の問題を避けて通るわけにはいかない．

(1) a. 山田さんは眼医者です．
    b. 山田さんは眼科医です．
(2) a. その人は父親です．
    b. その人は母親ではない．
(3) a. ブルータスはいきなりシーザーをナイフで刺した．
    b. ブルータスはシーザーを刺した．
(4) a. He is a bachelor. （彼は独身である．）
    b. He is unmarried. （彼は結婚していない．）
(5) a. Every student in this class speaks three foreign languages.
       （このクラスのどの学生も外国語を三つ話す．）
    b. Three foreign languages are spoken by every student in this class.
       （三つの外国語が，このクラスのどの学生によっても話される．）

日本語の母語使用者であれば誰でも，(1a)と(1b)が同一の意味内容を持っていること，(2a),(3a)が真実を述べている限りにおいて(2b),(3b)も真実であることを知っている．同様に，英語の母語使用者であれば誰でも，(4a)と(4b)が同一の意味内容を持っていること，(5a)において優位な量化子の解釈が(5b)において優位な量化子の解釈と異なること，などを理解している．こうした母語使用者の直観は紛れもなく言語事象の一部を構成しており，意味論という部門が文法の下位組織を成すことを端的に示している．

1.2 言語表現の意味と使用者の意味

言語学者・哲学者・心理学者など意味に興味を持つ研究者の間で，意味の捉え方は様々である．そのうちで特に重要と思われる概念として**言語表現の意味**と**使用者の意味**の区別がある．言語が意思疎通の手段として用いられ，話し手（または書き手）が聞き手（または読み手）に何らかの情報を伝えていると考えた場合，言語表現（例えば文）はそれが発話された状況すべてを含む大きな脈絡の中で初めて価値を持つ．この大きな脈略の中には話し手の意図というものも当然含まれる．次の例文を見てみよう．

(6) 寒いね．

話し手はどういう意図を持ってこの文を発話したのか？ 状況によりいくらで

も異なったシナリオを考えることができる．
- (7) a. ただ単に会話を保つために，話題のひとつとして天候のことを話した．
  b. 窓が開いているので，聞き手に閉めてもらいたかった．
  c. 聞き手にヒーターのスイッチを入れてもらいたかった．
  d. 聞き手に触れる口実として発話した．
  e. 居眠りをしている聞き手を見て，後ろから近づいて驚かせたかった．
  f. 寒くないのに，事実に反する発話をすることで，聞き手の注意を惹きたかった．

このように言語表現がある特定の文脈で用いられたときの話し手の意図は無限の可能性を持っている．にもかかわらず，当該の言語表現には，こうした無数のシナリオに共通した不変の存在，すなわち言語表現そのものの意味，があると考えられる．次の事例を考察してみよう．

- (8) 音声合成の技術を使ってコンピュータからランダムに生成された音声連鎖がたまたま「サムイネ(寒いね)」だった．われわれは，この音声連鎖がなんら意図を持たない発話であることを知っているにもかかわらず，それを解釈できる．また，もし同じ音声連鎖が別の時に，別の場所で，別のコンピュータによって生成されたとしても，そこに同じ解釈を見いだす．

この事実は，言語表現の意味が話し手の意図とは独立した存在であることを如実に示している．（話し手の意味と言語表現の意味の違いに則り，前者を意味の本質に近いものとして研究する分野は語用論(pragmatics)に属するものであり，発話行為(speech acts)に関する理論はJ.L.Austin，H.P.Grice，J.Searleなどの伝統により発展してきている．発話行為に関しては第7巻を参照のこと．）具体的な発話行為は常に話し手の意図を伴っているが，言語研究の対象としては，話し手の意図を捨象して一歩抽象化された存在である言語表現固有の意味があるのである．

1.3 語の意味関係

　言語表現の中で意味を担う最小の単位は**形態素**(morpheme)である．形態素は音と意味の連合であり，そこに見られる音の配列や連合の仕方は恣意的(arbitrary)であると考えられている(Saussure 1916)．

　(9)　

しかし，この恣意的な連合である言語記号が，母語使用者によって使用されるたびに毎回，固定した意味を持っていることも事実である．発音を音声記号によって記述するのと同様の精密さと一般性を持った方法で意味を記述することが求められる．

　語の意味を記述する方法として，語の意味をより原子的な普遍的**意味素性**(semantic feature)の束とする立場がある．これはちょうど単音を示差的音韻特徴の束と捉えることに類似している．Katz & Fodor (1963)や Katz & Postal (1964)によって推し進められたこの**語彙分解**(lexical decomposition)の考え方は，われわれの語の意味に関する直観の多くを明示的な形で捉える方法を提供してくれる．例えば "bachelor"「独身」という語や "unmarried" という語はいくつかの原子的な素性に分解できると考える．

　(10)　bachelor = [+human] [+male] [−married], ……
　(11)　unmarried = [+human] [−married], ……

この結果，意味素性の集合として分析された語の意味の間にいくつかの興味深い関係が見いだされる．例えば，すでに見たように "John is a bachelor" という文は "John is unmarried" を含意しているが，これはこれらの文に含まれる異なる二つの語 "bachelor" と "unmarried" の間に意味の**包摂関係**(meaning inclusion)があるからである．

　(12)　John is a bachelor.　（ジョンは未婚男性である．）
　(13)　John is unmarried.　（ジョンは結婚していない．）

包摂関係を元に，正しい推論が生じるのは次のような状況が成立するときである．

(14) Q の語の意味素性のどれをとっても P の意味素性になっているとき（つまり P が Q を包摂しているとき），「x は P である」から「x は Q である」が推論できる．

(12) と (13) の例で見ると，"bachelor" という単語の意味が "unmarried" という単語の意味を包摂しているため，(12) の文が (13) の文を含意していることになる．

包摂関係にある語を連ねて使用すると余剰的な表現が生まれることがある．

(15) a. 結婚していない未婚男性
b. 女性の母親
c. 年上の兄

また，包摂関係にある語を主語と述語に用いると，"All bachelors are unmarried."（すべての独身男性は未婚である．）のように，世界の有様に照らし合わせることなく，語の持つ意味素性のゆえに常に成立する命題ができあがる．このような種類の文を**分析文**(analytic sentences) という．一方，"All dogs bark."（すべての犬は吠える．）という文はそれを構成する単語の意味からだけではその正しさを保証できない．この種類の文を**総合文**(synthetic sentences) という．

同様にして**同義語**(synonym) の定義も可能となる．この場合は意味素性の束の同一性が必要十分条件となる．

(16) P の語の意味素性のどれをとっても Q の意味素性になっているとき，かつ Q の語の意味素性のどれをとっても P の意味素性になっているとき，P と Q は同義である．

同義語には次のようなものが挙げられる．

(17) a. 「さめ」と「ふか」
b. 「小石」と「つぶて」
c. 「かしぐ」と「かたむく」

また，「その人は父親である」から「その人は母親ではない」を正しく推論できるのもまた，意味素性の配列から予測できる．

(18) 父親 = [+human][+adult][+married][+parent][+male]
(19) 母親 = [+human][+adult][+married][+parent][−male]

これら二つの単語は「男性 male」というひとつの意味素性の価値においてのみ異なっている**最小対立の対**(minimal pair) である．

(20) a. P の語の意味と Q の語の意味が一つの同じ意味素性の価値においてのみ異なっているときに，P と Q を**反意語**(antonym)と呼ぶ
　　　b. P と Q が反意語であるとき，「x は P である」から「x は Q でない」を推論できる

このことから，「その人は父親である」から「その人は母親ではない」が正しく推論される．ただし，この逆の推論，すなわち「x は Q でない」から「x は P である」が常に成立するとは限らない．次の(21a)は正しい推論であるが，(21b)はそうでない．

(21) a. 僕は嬉しい → 僕は悲しくない
　　　b. 僕は悲しくない → 僕は嬉しい

世の中には嬉しくもなく悲しくもないものが存在するからである．このような述語の対は，ひとつの尺度上で段階的にその特性が変化するもので，「X は Y よりも一層〜である」というような比較の構文に現れることができる類のものである．

(22) a. 大きい　小さい
　　　b. 広い　狭い
　　　c. 明るい　暗い

こうした段階のある反意語の場合，片方が**無標**(unmarked)でもう一方が**有標**(marked)であることが多い．無標の語は段階のどちらに偏っているかが不明のとき使われるものである．「どのくらい〜ですか」といった質問に現れて，中立的に用いられるものが無標の要素である．

(23) a. どのくらい大きい(広い，明るい)ですか？
　　　b. どのくらい小さい(狭い，暗い)ですか？

(23a)に用いられる語は無標であるので中立だが，(23b)の質問ではすでに「小さいこと」，「狭いこと」，「暗いこと」が暗にほのめかされている．(こうした形容詞の場合，名詞化の接尾語「〜さ」をつけても同様のことが判明する．「大きさ」「広さ」「明るさ」は無標で中立だが，「小ささ」，「狭さ」，「暗さ」は有標となる.)

一方次のような場合には，「x は Q でない」から「x は P である」が正しい推論となりうる．(もちろん当該の人物が生きているという前提がないと成立しない．)

(24) 彼は眠っていない → 彼は起きている

「眠っている」と「起きている」のように二つの語が当該の領域を余すところなく二分するような対(complementary pair)である場合，すなわち P でなければ Q であり，Q でなければ P であるような場合には，推論が両方向に成り立つ．

語彙分解の枠組みの中でなされている記述的な分析は，意味の表示に関わる他のアプローチを用いても可能である．語の意味が他の語の意味とどのような関係を持っているかをより直接的に表示する仕組みとして，**推論の規則** (rules of inference)または**意味公準**(meaning postulates)と呼ばれるものがある(Carnap 1947)．意味公準は，想定されうる意味論の体系の中で，許容されるモデルにおいて常に成立する論理式を定義したものである．意味公準は「$P(x)$ が成立するときには必ず $Q(x)$ も同時に成立する」という形式で表現される．意味素性を使った語彙分解の方法論とまったく同様に包摂関係，反意関係，同義関係などが表せる．(論理形式などの意味の表示のなかで用いられる表現，例えば，bachelor やウレシイは実際の英語や日本語の単語ではなく表現の意味に対応する意味論の語彙であるが，本章ではこの区別が明らかであろうと思われるので，表記上は敢て区別しない．ここで ¬ は否定を表す論理学の要素である．)

(25) a. bachelor(x) → unmarried(x)
　　　b. ウレシイ(x) → ¬ カナシイ(x)
　　　c. サメ(x) → フカ(x)
　　　d. フカ(x) → サメ(x)

意味素性を用いた語彙分解の考えと意味公準を基盤においた考え方は，経験的に異なる予測をする．例えば，言語習得の過程において，語彙分解の考え方では元素的素性が少ない語のほうがより簡単に，したがって早い段階において習得されることを予測するかもしれない．しかし現実には "parent"(親)のほうが "father"(父)という単語より意味素性の数が少なくより基本的であるにもかかわらず，後者のほうが早い段階で習得されるようである(Fodor 1987)．また，基本的には還元主義に則っている語彙分解の考え方では語の意味が素性によって完全に記述されることを目標にしているわけだが，その際，意味素性の選択には大きな困難がつきまとう．相補的な対の場合，どちらの素性を使って

も他方がその否定として定義できるわけで，元素としての意味素性の選択が恣意的にならざるを得ないということがある．

(26) a. [+male] → [−femal]
b. [+female] → [−male]

一方，意味公準を使った立場では語の意味はそれぞれ不可分の要素であり，語の意味の間の含意関係がすべてである．意味素性が統語論や形態論においてなんらかの貢献をすることが示されれば，意味公準を基盤においた理論はどのようにしてこうした現象に説明を与えるのかが問われることになろう．（例えば意味的性別なジェンダーに基づく一致現象を引き起こす場合などが考えられる．この他の意味公準の問題点に関しては安井他(1983)第3章などを参照．）

我々が直観的に「反対」の意味を持っていると感じる表現の対の中には意味素性による語彙分解では記述できないものも存在する．次の例を見てみよう．

(27) a. 稲光は雷鳴より先に起こる．
b. 雷鳴は稲光より後に起こる．
(28) a. 太郎は花子に手紙をあげた．
b. 花子は太郎から手紙をもらった．

これらの対は同じ内容を表現したものであるが，片方からもう一方が推論されることを意味素性を用いて示すことは不可能である．「x が y より先に起こる」や「x が y より後に起こる」は個物の属性を表す表現ではなく，二者の関係を表すものである．このような関係概念が反対方向からの視点でもって表現されているがゆえに，反対または逆の意味を持っていると感ずるのである．同様に「x が y に z をあげる」と「y が x から z をもらう」にも反対方向の物の移動が対比的に表現されている．こうした状況は意味公準を使って表現することができる．

(29) a. x が y より先に起こる $\Longleftrightarrow$ y が x より後に起こる
b. x が y に z をあげる $\Longleftrightarrow$ y が x から z をもらう

こうした反対概念は**関係逆意**(relational opposites)と呼ばれるが，ここでは意味公準の記述能力の柔軟性が強調されることになる．

1.4 意義と指示

　名詞の意味を分析する際に，普通名詞については暗黙の内に述語として取り扱ってきた．これは普通名詞が形容詞などと同様に物の属性を表すことから，これらを同列に扱うことが妥当であるという見解に基づいている．(次節で述部だけでなく主語や目的語の位置に現れる名詞も同様に述語として取り扱われることを見る．論理学の伝統ではなく現代言語学のなかにおいても，こうした考え方は Bach (1968) や McCawley (1970) などの生成意味論の中で継承されている．)

(30) 　a. 私は学生である．
　　　 b. 私は「学生」という属性を有している．
(31) 　a. 君は賢い．
　　　 b. 君は「賢い」という属性を有している．

これに対して，固有名はその性質が大きく異なる．

(32) 　a. 太郎は学生である．
　　　 b. <u>太郎という個物</u>は「学生」という属性を有している．

固有名は世界に存在する特定の個物の指標に過ぎないという考え方がある．この考え方では固有名は指示 (reference) を持つのみで，同じ指示対象を持つ異なる固有名はまったく同義となる．しかしこの考え方に内在する問題が Frege (1952) の研究から知られている．次の様な状況を想定してみよう．

(33) 　ロイス・レーンは，とある新聞社に勤務する記者である．同僚には眼鏡をかけた男性記者クラーク・ケントがいる．この街で事件が起こると，超人の力を持ち，空を飛ぶことのできるスーパーマンが現れて事件を解決する．実はスーパーマンはクラーク・ケントであるが，ロイス・レーンはそのことを知らない．

　もし固有名が指示のみをその意味的価値として持っているならば，同じ指示対象を持つ二つの表現，例えば「クラーク・ケント」と「スーパーマン」は同義であり，同義の表現を入れ替えても文の内容には変化がないはずである．したがって，次の二つの文は同じ情報しか持ち合わせていないことになる．

(34) 　a. クラーク・ケントはクラーク・ケントである．

b. クラーク・ケントはスーパーマンである．

しかし，(34a) が恒真（トートロジー）で情報価値がないのに対して，(34b) は確かに情報価値を持っているように思える．特に，ロイス・レーンにとって (34a) はなんら驚きを与えるものではないが，(34b) は彼女の認識を大いに変えることになる．

G. Frege はこのような認知的価値の違いを説明するために，固有名を含んだ名辞一般には指示を超えた意味的な特性，**意義** (sense) が存在するとした．直観的には，意義とは概念や意識内容のようなもので，個物の提示の仕方と言ってもよい．クラーク・ケントとスーパーマンは**同一指示** (coreferential) ではあるが，その認識の仕方が異なっている．そのためにクラーク・ケントの意義とスーパーマンの意義は異なっており，それらが同一の個物を指すという認識が欠落することも可能なのである．（ここに意義と指示の非対称性が見られる．意義から指示に辿り着くことはできるが（指示対象が存在する限り），指示対象から意義を一義的に決定することはできない．）この考え方に立てば，意義は持っているものの指示対象を持たない表現が存在することが予想される．実際，「ゴジラ」「桃太郎」のような表現は固有名ではあるが，指示対象がこの世に実在しないという点で，意義のみで実体がない表現ということになる．

一方，固有名が意義 (sense) を持っているとすると，一体それはどのようなものになるのかという疑問が生じる．「豊臣秀吉」という固有名について，彼は1536年に尾張に生まれ，1590年に全国統一を果たした人物で，木下藤吉郎，羽柴秀吉，そして豊臣秀吉と名前を変えた，というような知識を我々は持っているとしよう．これらの知識がこの固有名の意義なのだろうか？ では豊臣秀吉についてこれ以下の知識しか持ち合わせていない言語使用者やこれ以上の詳しい知識を持った言語使用者では固有名の意義が異なってくるのだろうか？ さらに次のような疑問もわいてくる．もし史実に誤りがあり，豊臣秀吉が尾張でなく三河地方に生まれていたことが判明したとしたら，もう豊臣秀吉を豊臣秀吉とは呼べなくなるのだろうか？ こうした疑問に対して，物の持っている本質的な性質と付帯的な性質を分けて考えようとする立場もある．この立場に立てば，尾張地方に生まれたというのは豊臣秀吉の本質的な性質ではなく，付随的な性質ということになるかも知れない．しかし，この性質を欠いたら途端に豊臣秀吉でなくなる，というように厳密な境界線を引くことが不可能であるこ

とは明らかであり，物の持つ属性の二分化によっての問題解決は望めない．

　Kripke (1972) は，記述によって指示対象を確定する言語表現が**可能世界** (possible worlds) において異なる指示対象を選びだす可能性があるのに対し，固有名は可能世界において常に同一個物を選び出す**厳格な指定表現** (rigid designator) であると主張した．「1590 年に全国統一を果した人物」というような確定記述 (1.6 節参照) が異なる世界では異なる人物を選び出す可能性があるのに対して，「豊臣秀吉」はどんな可能世界においても同一の人物を選び出す．極端な例をとれば，現実の世界で我々が豊臣秀吉に帰する属性のひとつたりとも兼ね備えていない「豊臣秀吉」が別の可能世界には存在しうるのである．この考え方によれば，固有名には Frege の言うような意義はなく指示だけがあることになる．Frege のもともとの問題提起，すなわち (34a) が無意味に感じられるのに対して (34b) が有意義であると感じられるという違いについては，Searle が固有名に付着した前提概念をもって説明しようとしている (Searle 1957)．

　意義と指示の対立と類似した概念に**内包** (intension) と**外延** (extension) がある．古典的には内包は表現の意味，概念といった表現に備わる実体と解釈されてきたか，あるいは言語使用者の頭の中に存在する心理的実在として，曖昧な姿で認識されてきた．形式意味論の伝統のなかでは，内包とは可能世界とその世界における外延を一義的に結びつける仕組み，すなわち**関数** (function) として捉えられている (Carnap 1947; Montague 1973)．述語を例にとって考えると，「学生である」の内包とは可能世界の各々において，その世界で学生であるような対象を選び出す関数となる．一方，その外延とは集合論的に捉えられる，当該の世界における学生であるものの要素の集まりということになる．**モンタギュー文法** (Montague Grammar) においてはこうした内包の概念を取り入れた，**内包論理学** (Intensional Logic) が意味論の基盤になっている (第 2 章を参照)．

1.5　文の論理形式と量化子

　ここで文の意味構造について考えてみよう．文は不可分の意味概念ではなく，構成要素の意味と統語構造から合成的に得られるものである．(このように複合的表現の意味がその構成素の意味から完全に決定できるという仮説は「フ

レーゲの原理」と呼ばれることがある．）文の論理形式は**述語**(predicate)と**項**(argument)によって構成されている．

(35) a. ジョンが踊る．
b. dance(John)

(36) a. ジョンがメアリーにキスをする．
b. kiss(John, Mary)

これらの対は日本語の文とその論理形式の表現から成っている．自然言語の表層構造は曖昧性を持たない論理表現に翻訳された後に解釈を受ける．そのプロセスにおいて，述語とそれ以外の表現との間に非対称性が見られる．述語は関数的であり，内部構造を持つ．項は関数に供給される値であって，供給された結果他の値を産み出す．このことをもう少し詳しく眺めてみよう．

まず当該の世界にある個物の集合 U を考えよう．この集合は世界の個物をすべて含んでおり，当然ジョンやメアリーもその一員である．固有名の外延はこの集合 U の要素である．

(37) a. $U = \{j, m, b, s, d, \ldots\}$
b. $[\![\text{John}]\!] = j$
$[\![\text{Mary}]\!] = m$
$\vdots$
$\vdots$

項をひとつだけ要求する述語は**一項述語**(one-place predicate)と呼ばれる．一項述語の外延は個物の集合であると考えよう．すなわち，「踊る」が表す述語表現 dance の外延（ここでは $[\![\text{dance}]\!]$ と表記する）は踊った人の集合である．

(38) $[\![\text{dance}]\!] = \{j, b, s\}$

文は述語に項を結びつけることで得られる．したがって，一項述語の場合はひとつの項と結びついて文が得られる．（ここでは時制の問題は考えないで話を進める．）

(39) a. dance(John)
b. dance(Mary)

(37)と(38)を前提とすると，(39a)は真理を述べていて，(39b)は虚偽を述べていることになる．なぜなら「ジョン」の外延，$[\![\text{John}]\!]=j$ は「踊った」の外延すなわち(38)に含まれているが，「メアリー」の外延，$[\![\text{Mary}]\!]=m$ はそうでな

いからである．

　文の表す意味が当該の世界で成立するための条件，すなわち文の**真理条件**(truth condition)は文の意味の最も重要な側面である．言語使用者は文を聞くと直ちにそれが表す内容と現実の世界の有様とを対照させて当該の文が真か偽かを決定できる．こうした言語使用者の能力の一部として真理条件を文の意味の中枢に置いて考えることができる．一項述語 dance を含む論理表現の真理条件は

(40) 　dance(α) が真となるのは $[\![\alpha]\!]$ という U の要素が，$[\![$dance$]\!]$ の表す集合の要素であるときである．

このことから(39a)の真，(39b)の偽が確定する．（二項述語については，その外延を，主語の位置にくる要素に対応する個物と目的語の位置にくる要素に対応する個物から成る順序対(ordered pair)の集合として考えることができる．）

　さて(39a)や(39b)においては，項として機能しているのは固有名である．しかし項として表層文に現れる要素は固有名に限らない．

(41) 　a. どの観光客も京都を訪れる．
　　　 b. 学生の誰かが花子をぶった．

ここでたまたま主語の位置に現れている要素は固有名ではない．「どの観光客も」や「誰か」のような表現を**量化子**(quantifier)と呼ぶ．これら量化子を固有名と同等に扱うことができるだろうか．

(42) 　a. visit(every_tourist, k)
　　　 b. hit(some_student, h)

ここで $[\![$every_tourist$]\!]$ はすべての旅行者の「総体」を表し，$[\![$some_student$]\!]$ は「不特定な任意の学生」を表すと考えてみよう．しかしこのような考え方では説明のつかない事象が多く存在する．次の推論を見てみよう．

(43) 　1. どの旅行者も京都を訪れる．
　　　　2. 太郎は京都を訪れない．
　　　　∴ 太郎は旅行者ではない．

これは直観的に正しい推論である．しかし，このことを論理式から示すことはできない．もし "every tourist" が他の固有名とかわらないのであれば，上で見た推論の形式は次のものと同等のはずだからである．

(44) a.　1. 花子は京都を訪れる．
　　　　　2. 太郎は京都を訪れない．
　　　　　∴太郎は花子ではない．

これは正しい推論ではない．もちろん，結論の命題は真ではあるが，これは前提となる二つの命題のゆえにではない．次の例を見てみよう．

(44) b.　1. スーパーマンは京都を訪れる．
　　　　　2. クラーク・ケントは京都を訪れない．
　　　　　∴クラーク・ケントはスーパーマンではない．

今度は結論が真とは言えない．量化子を固有名と同等と見る限り，この違いを正しく捉えることはできない．

さらに，次の例を見てみよう．

(45) a.　どの旅行者もお寺を一軒訪れた．
　　 b.　お寺が一軒どの旅行者によっても訪れられた．

これらは能動文と受動文の対である．一般に能動文とそれに対応する受動文の意味は変わらないと考えられている．ところが，(45a)に与えられる第一義の意味(46a)は(45b)に与えられる第一義の意味(46b)とは異なっている．

(46) a.　旅行者ひとりひとりについて，どこか訪れた寺がある．
　　 b.　寺のなかにはすべての旅行者によって訪問されたものがひとつある．

固有名が使われた場合には，このような意味の差は生じない．

(47) a.　ジョンがメアリーをぶった．
　　 b.　メアリーがジョンにぶたれた．

やはり，この現象も量化子が固有名とは違った振る舞いをすることを示している．

伝統的な述語論理学では二つの量化子を用いる．

(48) a.　普遍量化子(universal quantifier)　　$\forall x$
　　 b.　存在量化子(existential quantifier)　　$\exists x$

これらの量化子を用いて先の例文を表現すると

(49) a.　$\forall x [\text{tourist}(x) \rightarrow \text{visit}(x, k)]$
　　 b.　$\exists x [\text{student}(x) \& \text{hit}(x, h)]$

のようになる．述語の項として現れているのは**変項**(variable)で量化子によっ

て束縛(bind)されている．このような変項を**束縛変項**(bound variable)と呼ぶ．普遍量化子はこの変項の値の選択について，式を満たすのは「すべての要素」であるという制限を加え，存在量化子は同様に式を満たすものが「最低ひとつ存在する」という制限を加える．日常言語に翻訳すると

(50) a. すべての x について，x が旅行者であれば，その x は京都を好む，が成立する．

b. x が学生であってかつメアリーを好いている，を成立させるような x が存在する．

このような量化子の定義と論理学の定理から，先の(43)の推論の正しさを示すことができる．

(51)　1. $\forall x[\text{tourist}(x) \to \text{visit}(x, k)]$
　∴ 2. $\text{tourist}(t) \to \text{visit}(t, k)$
　　3. $\neg\text{visit}(t, k) \to \neg\text{tourist}(t)$
　4. $\neg\text{visit}(t, k)$
　―――――――――――――――――
　∴ $\neg\text{tourist}(t)$

1.から2.を導くのは**普遍例化**(universal instantiation)という規則で，これは普遍量化子の定義から得られる．普遍命題が真であれば，その式の束縛変項の位置に当該の領域から選び出される任意の要素，例えば「太郎」を代入しても真が保たれる．また，「P ならば Q である」と「Q でなければ P でない」の同値関係から3.が得られる．すなわち，「太郎が旅行者なら太郎は京都を訪れる」が得られ，その対偶，「太郎が京都を訪れなければ，太郎は旅行者でない」が導かれる．これに「太郎が京都を訪れない」という前提を加えれば，結論「太郎は旅行者でない」が正しく導かれる．このようにして量化子を使った論理表記は推論の正しさを解き明かしてくれる．

(45a)と(45b)の文に見られた解釈の違いは，量化子を用いて論理形式の一部として記述される．

(52) a. $\forall x[\text{tourist}(x) \to \exists y[\text{temple}(y) \,\&\, \text{visit}(x, y)]]$
b. $\exists y[\text{temple}(y) \,\&\, \forall x[\text{tourist}(x) \to \text{visit}(x, y)]]$

前者の論理形式は普遍量化子が広い作用域（スコープ）を取っており，(46a)の読みに対応する．一方，後者は存在量化子が広い作用域を取っており，(46b)の読みに対応する．一般に同一文中に量化子や作用域を持ちうる要素が複数現

れたときには，そうした要素の論理式内に占める位置の違いにより，解釈が異なってくる．自然言語に見られるこうした作用域と解釈の多様性の問題は量化子を導入したことで容易に記述される．

1.6 確定記述

自然言語において，文法項の位置に現れる要素としてすでに固有名詞と量化子表現を見た．対応する論理形式において，これらはそれぞれ，固有名，量化子によって束縛された変項として表示されることを見た．

(53) a. ジョンが踊る．
b. dance(j)

(54) a. どの少年も踊る．
b. $\forall x [\text{boy}(x) \rightarrow \text{dance}(x)]$

(55) a. ジョンが一人の女の子にキスした．
b. $\exists x [\text{girl}(x) \& \text{kiss}(j, x)]$

しかしこれらの要素以外にも文法項に現れる要素が存在する．

(56) a. The boy danced. (その少年が踊った．)
b. The author of *Dune* is Frank Herbert.
(『砂の惑星』の著者はフランク・ハーバートである．)
c. Mary's husband has purchased an electric car.
(メアリーの夫は電気自動車を買った．)
d. The present King of France is bald.
(現フランス国王は禿げ頭である．)

これらの文において主語の位置を占めているのは定冠詞 "the" あるいは所有格を伴った名詞句であるが，これらは固有名でも単純な普遍または存在量化子でもない．このタイプの表現は固有名と同様に 1 個の個物を指す**単称名辞**(singular term)で，**確定記述**(definite description)と呼ばれているものである．

確定記述はある種の前提を含んでいるものと思われる(後述，1.9 節参照)．例えば，(56d)には「現在フランスには王がただ一人存在する」ということが前提となっていると考えられる．ではもしこの世の中で，現在，フランスに国王がいなければ(実際のところそうであるのだが)，一体この文が述べていること

は真なのだろうか，それとも偽と判定されるべきものなのだろうか．(56d)は有名な B. Russell の例文であるが，確定記述に関しては P. F. Strawson と Russell の立場が対照的である (Strawson 1950; Russell 1905, 1957). Strawson の立場は，確定記述が指示対象を持たない，もしくは1個以上の指示対象を持っている場合は，それを含む文の真理値は決定できない，というものである．したがって，命題の真理値は真か偽かではなく第3の値を持つことを認めなくてはならない．一方 Russell によれば，確定記述には量化が隠蔽されているという．この考え方の下では，(57a)は(57b)のような論理式を持つ．

(**57**) a. The boy ran.
b. $\exists x [\text{boy}(x) \ \& \ \text{run}(x) \ \& \ \forall y [\text{boy}(y) \rightarrow (x=y)]]$

(57b)の式は前半で走った少年の存在が主張され，後半では走った少年はただ一人であることが述べられている．この結果，もし走った少年が一人もいない場合，もしくは，そのような少年が複数いる場合には(57a)の文は偽となるのである．この Russell 流の考え方に基づく量化表現は**イオタ演算子**(ι operator)と呼ばれる論理表現を用いて表現されることもある．

(**58**) a. $\iota x [\text{boy}(x)]$
b. $\text{run}(\iota x [\text{boy}(x)])$
c. $\text{run}(\text{John})$

イオタ演算子によって導かれる表現は名辞の型の表現で，論理式の構文論上は固有名と同等に扱われる．

もちろん，(57b)が文字通り真になるような状況は考えられない．この世の中に少年は数えきれないほど多く存在し，かつその少年のうちで走ったことのあるものも，これまた数多く存在するだろうからだ．これは**領域選択**(domain selection)の問題である．この問題は確定記述に限らず，量化子の解釈においても関係してくる．

(**59**) a. Everyone had a good time. (皆が楽しんだ．)
b. $\forall x [\text{have\_a\_good\_time}(x)]$

(**60**) a. Nobody was wearing a tie. (誰もネクタイをしていなかった．)
b. $\neg \exists x \exists y [\text{tie}(y) \ \& \ \text{wear}(x,y)]$

これらの文における量化子の解釈は変項がその値を得る領域に依存している．話者は談話の中で聞き手と共に了解した特定の談話の空間を意識しており，そ

の範囲内においてのみ量化子が解釈される．例えば，(59a)では週末に人を呼んで行ったパーティーの盛況具合を話題にしており，「皆」とは出席者全員のことである．(60a)ではさきほど昼食をとりに入った格式のあるレストランでの様子を述べたもので，そのときの客が当該の領域になるという具合である．

同様に，(57a)における確定記述の "the boy" はその文が発話された文脈において適切な領域が想定され，その中で唯一の少年が選び出されると考えられる．この場合，問題となる領域とは量化子の場合と異なり，常に要素をひとつだけ含むような集合である．この意味では，こうした確定記述はあたかも代名詞のような照応的特性を持つとも言える．

(61) a. A boy came into the stadium. He ran.
(少年がスタジアムに入ってきた．彼は走った．)
b. A boy and a dog came into the stadium. The boy ran.
(少年と犬がスタジアムに入ってきた．その少年は走った．)

K. Donnellan は確定記述には通常の**帰属的用法**(attributive use)の他に**指示的用法**(referential use)が存在すると主張した(Donnellan 1966)．指示的用法とは話者が特定の指示対象を念頭に置いて，それを直接的に指示する方法として確定記述を用いた場合である．

(62) The green car over there is a Honda.
(向こうにある緑の車はホンダだ．)

話者は視野に入っていて遠くにある緑の車を指して "the green car over there" という確定記述を使っているのだが，ここで話者が実は隣にある青い車を心の中では指していたとしよう．さらに，青い車は実際にホンダ製であり，緑の車はフォード製だったとしよう．一体，この文はこうした状況下で真実を述べていることになるのか，それとも偽りを述べていることになるのか．話者が実際は青い車を意図していたのであれば，それは事実ということになり，文字通り緑の車と解せば偽ということになる．

S. Kripke は確定記述の指示的用法に疑問を投げかけ，指示的用法を動機づけた現象は意味論的性格のものではなく**語用論**(pragmatics)の領域に属する現象であると指摘した(Kripke 1977)．したがって，Russell の量化子を使った分析をそのまま保持した上で，語用論の原則を用いていわゆる指示的用法が解釈されることになる．この現象は意味論と語用論の役割分担に関する興味深い問題

を提示している．

1.7 不透明な文脈

　量化子の導入は量化子同士の作用域の違いから解釈の多様性を生むことをすでに見た．しかしこうした多義性は量化子の相互作用以外の環境においても生じることが知られている．次の文を見てみよう．
　(63)　ジョンはこの大学の学生が皆怠惰であると思っている．
この文は次の二つの解釈を持つということで多義的である．
　(64)　a.　この大学の学生すべてについて，ジョンは以下の信念を抱いている．
　　　　　　［彼らが怠惰である．］
　　　　b.　ジョンは以下の信念を抱いている．
　　　　　　［この大学の学生は皆怠惰である．］
これら二つの解釈は次の状況を想定すると違いが鮮明になる．前者において，ジョンの信念は，個物についてそれぞれが怠惰であるという属性を持っている，というものである．したがって，怠惰であるという属性を与えられた個物が大学生であるかどうかはジョンの信念の一部ではない．一方，後者においては，「この大学の学生全員」がジョンの信念に含まれていることになる．**可能世界意味論** (possibe world semantics) の枠組みで考えると，これは問題の普遍量化子が現実の世界で解釈されるか，主体の**信念の世界** (belief world) において解釈されるかの違いとなる．これを量化子と信念の述語との作用域の相互作用として捉えると，二つの解釈は次のような論理構造を持つことになる．(Hintikka (1962) は信念の演算子にその信念の保持者の指標をつける表示を提案している．また，Montague(1973)では内包的演算子を用いて信念の述語の目的語になる命題の内包性が表現されている．)
　(65)　a.　$\forall x [\text{students\_in\_this\_college}(x) \rightarrow \text{believe}(j, [\text{lazy}(x)])]$
　　　　b.　$\text{believe}(j, [\forall x [\text{students\_in\_this\_college}(x) \rightarrow \text{lazy}(x)]])$
前者では普遍量化子が信念の述語の領域より外にあるために現実世界での値が考察される．したがって，もし当該の大学に所属している学生が {Bill, Mary, Tom, Susan} の4人しかいないとすれば，この解釈では，ジョンがこれらの学

生の一人一人について「怠惰である」という信念を持っていることになる．これを量化子の事象様相(*de re*)的解釈という．

一方，後者ではジョンは単一の命題を信じていて，その内容が

(66)　この大学の学生は皆怠惰である．

ということであった．ジョンは必ずしも大学の学生全員を特定できないかもしれない．もっと極端に言えば，ジョンはこの大学の学生を一人も知らずに(66)の命題を信じているのかもしれない．このように，量化子が信念の述語の領域内に収まっている解釈を，その量化子の言表(*de dicto*)的解釈という．

事象様相的解釈では量化子が現実の世界に照らして外延的に解釈されているので，**透明な文脈**(transparent context)と言われる．他方，言表的解釈は量化子が内包的に解釈されているので，**不透明な文脈**(opaque context)と言われる．透明な文脈においては，同一指示の名辞表現を入れ替えても真理値に影響はない．

(67)　a.　太郎は家主をなぐった．
　　　b.　太郎は山田さんをなぐった．

家主が山田さんである限りにおいて，(67a)と(67b)は同値である．しかし不透明な文脈においてはこの交換が真理値を保持しない．

(68)　a.　太郎は妻が家主を嫌っていると信じている．
　　　b.　太郎は妻が山田さんを嫌っていると信じている．

これは，太郎が家主が山田さんであるということを知らないか，別の人が家主だと思っている場合がありうるからである．そうした状況では(68a)は必ずしも(68b)を含意しない．（正確には(68a)の言表的解釈が含意しないということである．）

存在量化子を使っても同じような曖昧性が生じる．

(69)　　ジョンは警察官が一人メアリーにキスしたと信じている．
(70)　a.　$\exists x[\text{policeman}(x) \ \& \ \text{believe}(j, [\text{kiss}(x, m)])]$
　　　b.　$\text{believe}(j, [\exists x[\text{policeman}(x) \ \& \ \text{kiss}(x, m)]])$

前者の事象様相的解釈の論理表示では，現実の世界に一人警察官がいて，その人についてジョンはメアリーにキスをしたという信念を持っていることが示されている．後者の言表的解釈の論理表示では，警察官の存在はジョンの信念の世界において想定されているため，現実の世界に特定の警察官がいるわけでは

ない．前者のような環境に生じる不定の名詞句(英語の場合は a policeman のように不定冠詞に伴われる名詞句)を**特定的**(specific)，後者のような環境に生じる不定の名詞句を**非特定的**(nonspecific)と呼ぶ．次の例も特定的，非特定的な解釈の両方が可能である．

(71)　　ジョンは言語学者を一人雇いたく思っている．

(72)　　a.　特定的
　　　　　　$\exists x[\text{linguist}(x) \;\&\; \text{want}(j, [\text{hire}(j, x)])]$
　　　　b.　非特定的
　　　　　　$\text{want}(j, \exists x[\text{linguist}(x) \;\&\; \text{hire}(j, x)])$

特定的な解釈では現実世界に言語学者 X が存在し，ジョンは単に個物 X を雇いたいという願望を持っているが，不特定的解釈ではジョンの願望として言語学者の存在が表現されている．

すでに見た確定記述においても同様の現象が生じる．

(73)　　ジョンはハムレットの作者がスウェーデン人だと信じている．

(74)　　a.　$\exists x[\text{author}(x, h) \;\&\; \forall y[\text{author}(y, h) \to (x=y)] \;\&\;$
　　　　　　$\text{believe}(j, [\text{swedish}(x)])]$
　　　　b.　$\text{believe}(j, [\exists x[\text{author}(x, h) \;\&\; \forall y[\text{author}(y, h) \to (x=y)] \;\&\;$
　　　　　　$\text{swedish}(x)])$

Russell 流の確定記述の量化子的記述が信念の述語の外にある場合には唯一的存在が仮定された上で，ジョンのこの人物に対する信念が述べられている．一方，確定記述が信念の内部にある場合は，その存在はジョンの信念の世界においてのみ仮定されていることになる．

このように，不透明な文脈においては名詞句の量化子的解釈がその内部に限定され，信念の述語も不透明な文脈を形成する要素の一つであることがわかった．固有名はこうした不透明な文脈においても厳格な**指定表現**(rigid designator)として機能する．

(75)　　ジョンはシェイクスピアがスウェーデン人だと信じている．

したがって，この文においては多義性は認められない．この事実も固有名と量化子および確定記述が異なっていることを示している．

1.8 ラムダ演算子

抽出演算子(abstraction operator)あるいは**ラムダ(λ)演算子**(lambda operator)と呼ばれる論理的要素がある．

(76)　$\lambda x[F(x)]$

F が(一項)述語を表している場合，$F(x)$ は命題のタイプである．この命題内の変項を束縛しているのがラムダ演算子である．全体は x のタイプから $F(x)$ のタイプへの関数であり，F という属性を持つ要素の集合としても捉えることができる．

(77)　a.　ジョンは賢い．
　　　b.　$smart(x)$
　　　c.　$\lambda x[smart(x)]$
　　　d.　$\lambda x[smart(x)](j)$
　　　e.　$smart(j)$

こうしたラムダ表現は特定の関数のタイプであるので，それが求めているタイプの項を与えてやることで，元のタイプが得られる．例えば，(77a)は通常では(77e)のような論理表示を持つが，そこから個物を指す"j"を抽出して，それを変項で置き換え，さらにその変項をラムダ演算子で束縛してやると(77d)が得られる．(77e)と(77d)は同値であり，片方からもう一方を派生する操作のことを**ラムダ変換**(lambda conversion)と呼ぶ．命題の中の項を変項で表現した(77b)は相変わらず命題のタイプであるが，それをラムダ演算子で束縛した(77c)は名辞から命題への関数，すなわち述語のタイプである．

命題のタイプの表現をラムダ抽出すると述語のタイプの表現が得られることはそれ自身ではあまり重要なことのように思えない．実際，論理学上は(77d)と(77e)の同値関係は純粋に論理式同士の関係であり，自然言語の意味記述の問題とは直接の関連性を見いだせない．しかし，自然言語の現象のいくつかは，まさにこのラムダ表現を用いることでのみ，自然に記述されることがわかっており，その意味においてラムダ表現は重要な役割を果すことになる．

まず第一に関係節の構造を見てみよう．

(78)　a.　ジョンはビルが招待した女性が嫌いである．

  b.　［ビルが招待した］女性

ここで(78b)の名詞句にはいかなる論理式が対応するかを考えてみる．制限的関係節は形容詞などと同様に**修飾**(modification)の機能を果している．

(79) a.　A fish danced.　（一匹の魚が踊った．）
   b.　$\exists x[\text{fish}(x) \ \& \ \text{dance}(x)]$

(80) a.　A blue fish danced.　（一匹の青い魚が踊った．）
   b.　$\exists x[\text{fish}(x) \ \& \ \text{blue}(x) \ \& \ \text{dance}(x)]$

これらの文表現とそれらに対応する論理式からわかるように，項として現れる名詞句が量化子であるとき，その名詞句の主要部(head)の名詞も，それを修飾する形容詞もまったく同じ資格で論理式の中で束縛変項に対する述語として働いている．(「青い」も「魚」も述語として変項 x と陳述関係にある．）仮に今，修飾の機能を次のように定義したとしよう．（実際には文の統語構造がどのような手順で解釈されるかについて議論していないので，ここでの議論は修飾の部分にのみ焦点を当てた非公式な説明に留めておく．）

(81) 名詞句内における主要部名詞の修飾はその主要部名詞の量化子による束縛と並列に，修飾要素の述語と束縛変項を組み合わせて，量化子の作用域内に連言(conjunction)を形成する．

これは次のような操作を意味する．

(82) 名詞句＋述語の表現が $Qx[\cdots\cdots x\cdots\cdots]$ という形に翻訳されるとき，この名詞句を修飾によって拡大した表現は $Qx[\cdots x\cdots \ \& \ P(x)]$ という論理式を持つ．ただし，Qx は任意の量化子で，P は修飾表現に対応する述語表現である．

この操作を前提に先の例を考えてみると，"A fish danced." の論理式に連言を用いて，修飾語の "blue" を述語として追加してやることで，(83b)が得られることになる．

(83) a.　$\exists x[\text{fish}(x) \ \& \ \text{dance}(x)]$
   b.　$\exists x[\text{fish}(x) \ \underline{\& \ \text{blue}(x)} \ \& \ \text{dance}(x)]$

形容詞の場合はそれ自体が述語に翻訳されることが明白なので，(82)の規則に従って正しい論理式が得られる．（すべての形容詞がこのような単純な述語の連言によっては処理しきれないことに注意しておきたい．"a former president" や "a beautiful dancer" などの例からもわかるようにある種の名詞修飾語は名

詞の述語を項として取って新たな述語を作りだす関数として分析される必要がある．) では関係節の場合は一体どのようにして同様の修飾構造が論理表現に正しく翻訳されるのだろうか．とりわけ，(78b)における「ビルが招待した」の部分はどのようにして述語としての論理式を与えられるのだろうか．

(**78**) b. ［ビルが招待した］女性

ここでラムダ抽出の操作が関わってくる．統語構造における関係節内の空所がちょうどラムダ演算子によって束縛されている変項として解釈すればよいのである．(英語の場合にはラムダ演算子と変項の関係が統語上，関係代名詞のwh 要素と，その移動によって生じた空所との関係に相当する．(i) [who] [Bill invited t] $t=$ 統語構造における名詞句移動の痕跡．(ii) λx [Bill invited x])

(**84**) a. ［ビルが e 招待した］　$e=$ 統語構造における空所
  b. λx [Bill invited x]

こうして得られた論理表現はまさしく述語のタイプの表現であり，これを (82) の規則に従って修飾表現として取り込むことで (85a) に対応する正しい論理形式が得られる．

(**85**) a. ジョンはある女性が嫌いである．
  b. $\exists x$ [woman(x) & hate(j, x)]

(**86**) a. ［ビルが e 招待した］
  b. λy [invite(b, y)]

(**87**) a. ジョンはビルが招待したある女性が嫌いである．
  b. $\exists x$ [woman(x) & λy [invite(b, y)](x) & hate(j, x)]
  c. $\exists x$ [woman(x) & invite(b, x) & hate(j, x)]

特に (87b) と (87c) の同値関係はさきに見たラムダ変換の同値性に基づいている．このようにしてラムダ演算子を用いることで空所を含んだ関係節の構造を述語として適切に解釈することができ，一般的な修飾のメカニズムのなかに自然に取り込むことが可能となる．

次に，動詞句削除の構文を見てみよう．英語で二つの節が接続詞でつながれた構文では 2 番目の動詞句が省略されることがある．

(**88**) a. John danced, and Bill did, too.
    (ジョンが踊り，ビルもそうした．)
  b. dance(j) & dance(b)

単純な例においては単に先行節の動詞句部分の論理式（すなわち述語）を後続節の消えた動詞句の部分に複写してやれば良い．しかし，他の例を見ると，この複写の操作はもう少し複雑なものでなければならないことが明らかとなる．

(89)　John loved his dog and Bill did, too.
　　　（ジョンは彼／自分の犬を可愛がって，ビルもそうした．）

この文は次の二つの解釈を持つ．

(90)　a.　John loved John's dog, and Bill loved John's dog.
　　　　　（ジョンは彼の犬を可愛がって，ビルもそうした．）
　　　b.　John loved John's dog, and Bill loved Bill's dog.
　　　　　（ジョンは自分の犬を可愛がって，ビルもそうした．）

(90a)は**厳格な同一性**(strict identity)に基づいた解釈と言われ，"his"(彼の)という代名詞が特定の個物(例えばジョン)を指している．一方，(90b)は**ずさんな同一性**(sloppy identity)に基づいた解釈と言われ，先行節の"his"(自分の)はその節の主語であるジョンを指し，後続節の"his"はその節の主語であるビルを指している．これら二つの解釈は論理式で表せば次のようになる．

(91)　a.　$\text{love}(j, j\text{'s dog}) \ \& \ \text{love}(b, j\text{'s dog})$
　　　b.　$\text{love}(j, j\text{'s dog}) \ \& \ \text{love}(b, b\text{'s dog})$

こうした二つの異なった解釈が存在することは，代名詞が束縛変項として機能しうること，そして動詞句の解釈にラムダ表現が使われると考えることで自然に説明される．先行節の動詞句の論理形式はおおむね次のようなものになる．

(92)　$\lambda x [\text{love}(x, \_\text{'s dog})]$

ここで下線部の位置に代名詞の解釈が収まるわけだが，仮に代名詞が特定の個物を指すとしよう．ここではジョンを指すとする．すると，この論理式はより厳密には

(93)　$\lambda x [\text{love}(x, j\text{'s dog})]$

のようになる．この動詞句の論理表示がそのまま後続節の動詞句の意味として複写されるとする．

(94)　a.　John loved his dog and Bill did, too.
　　　b.　$\lambda x [\text{love}(x, j\text{'s dog})](j) \ \& \ \underline{\ \ \ \ }(b)$
　　　c.　$\lambda x [\text{love}(x, j\text{'s dog})](j) \ \& \ \lambda x [\text{love}(x, j\text{'s dog})](b)$

この結果，(94c)のような論理表示が得られ，すでに見たようにこれはラムダ

変換をすれば次の式になる．（ラムダ変換は真理値を変えない操作であるので，ラムダ変換が「より正しい」論理式を導くわけではない．この場合，より直観的に理解しやすい形式にして読者の理解を助けることが意図されている．）

(94) d. love$(j, j$'s dog$)$ & love$(b, j$'s dog$)$

これが厳格な同一性の解釈である．（代名詞の解釈がもし文中に現れていない第三者，例えばマービン，を指していても同様である．この場合には次のような論理表示が得られる．

(i) $\lambda x[\text{love}(x, m\text{'s dog})](j)$ & $\lambda x[\text{love}(x, m\text{'s dog})](b)$
(ii) love$(j, m$'s dog$)$ & love$(b, m$'s dog$)$

では，ずさんな同一性の解釈はどのようにして得られるのか．それは代名詞が動詞句内において，ラムダ演算子によって束縛された束縛変項として解釈されたときに生じる解釈である．この解釈のもとでは，先行節の動詞句の論理表現は次のようになる．

(95) $\lambda x[\text{love}(x, x\text{'s dog})]$

これを後続節の動詞句の解釈として複写すると，ずさんな同一性の解釈が得られる．

(96) a. $\lambda x[\text{love}(x, x\text{'s dog})](j)$ & ＿＿＿(b)
b. $\lambda x[\text{love}(x, x\text{'s dog})](j)$ & $\lambda x[\text{love}(x, x\text{'s dog})](b)$
c. love$(j, j$'s dog$)$ & love$(b, b$'s dog$)$

ずさんな同一性の解釈においては代名詞を変項として束縛する演算子の存在が重要であり，この意味で経験的にラムダ演算子の有効性が示されたことになる．（動詞句削除構文の意味解釈については，Sag (1976)，Williams (1977)，Partee & Bach (1980) などを参照のこと．）

1.9 伴立・前提・会話の含意

語と語の間に成り立つ様々な意味関係はすでにみたところである．文と文の間に成り立つ意味関係にはどのようなものがあるだろうか．次の文の対の組を眺めてみよう．各対において，前者が真となるような状況においては必ず後者も真となる．このようなとき，後者が前者の**伴立** (entailment) であるという．

(97) a. ジョンがボールを蹴った．

　　　　b. ジョンがボールに触れた．
(98)　a. フリッパーはイルカだ．
　　　　b. フリッパーは哺乳動物だ．
(99)　a. ジョンは怠惰で，2+2 は 4 だ．
　　　　b. ジョンは怠惰だ．
(100) a. 皆が笑った．
　　　　b. ジョンが笑った．
(101) a. 審査員が皆見た映画がひとつある．
　　　　b. 審査員は皆何かひとつ映画を見た．

(97), (98) については，語義の伴立によって，文の伴立が生じている．

(102)　$\forall x \forall y [\text{kick}(x,y) \rightarrow \text{touch}(x,y)]$
(103)　$\forall x [\text{dolphin}(x) \rightarrow \text{mammal}(x)]$

(99)〜(101) については，論理学の定理や妥当な推論に基づいて伴立が見いだされている．

(104)　$p \text{ and } q \quad \therefore p$
(105)　$\forall x [P(x)] \quad \therefore P(u)$
(106)　$\exists x [\text{movie}(x) \ \& \ \forall y [\text{judge}(y) \rightarrow \text{see}(y,x)]]$
　　　　$\therefore \forall y [\text{judge}(y) \rightarrow \exists x [\text{movie}(x) \ \& \ \text{see}(y,x)]]$

こうした伴立はある特定の統語的環境の下で消え去ることが知られている．例えば，文否定の環境，疑問文の環境などである．

(107) a. ジョンがボールを蹴ったということはない．
　　　　b. フリッパーはイルカですか？
　　　　c. ジョンは怠惰で，2+2 は 4 だということはない．
　　　　d. 皆が笑いましたか？
　　　　e. 審査員が皆見た映画がひとつあるというわけではない．

これらの文からはもはや (97)〜(101) の (b) の文の真を推論することができない．

　一方，こうした環境でも相変らず伴立が保たれる場合がある．次に示す例においては，(a) の文も，またそれを否定あるいは疑問文化した (b) も同様に，(c) の文を伴立としている．

(108) a. ジョンの妻は歌手だ．

            b. ジョンの妻は歌手ではない．
            c. ジョンは既婚だ．
(109) a. その機械の設計者が定年退職した．
      b. その機械の設計者はもう定年退職しましたか？
      c. その機械には設計した人がいる．
(110) a. 花子は朝コーヒーを飲む習慣をやめた．
      b. 花子は朝コーヒーを飲む習慣をやめていない．
      c. 花子は朝コーヒーを飲む習慣があった．
(111) a. ビルが選ばれたのは不幸だ．
      b. ビルが選ばれたのは不幸だとはいえない．
      c. ビルが選ばれた．

ここでは (c) の文は (a) または (b) の文の**前提** (presupposition) と呼ばれる．(Kempson (1975) や Karttunen (1973) などを参照．日本語のトピック構造や分裂文における前提の問題については Kuno (1973) や Muraki (1974) などの古典的研究がある．) 前提は文の言明の一部ではなく，言明をするための必要条件のようなものである．語用論的観点からは，前提という概念は発話のための**適切条件** (felicity condition) と見做される．前提は発話の文脈 (context) という領域のなかに存在する既定命題のようなもので，前提が成立するような適切な文脈においてのみ，当該の文の使用が妥当になる．（すでに見た確定記述についても存在に関する前提があるという見方もできる．）したがって，ジョンが未婚であるときには (108a) の文が，その機械に設計者などいない場合に (109a) の文が，花子に朝コーヒーを飲む習慣がないときに (110a) の文が，そしてビルが選ばれてもいないときに (111a) の文が，それぞれ適切な使用ができないということになる．

伴立や前提のなかには，それが言語表現の内在的意味や論理構造に由来するものが多い．しかしそうでない類の伴立が存在する．

(112) a. 太郎は日本人だが，お風呂が嫌いだ．
      b. 一般的に日本人はお風呂が好きだ．
(113) a. メアリーがビルをナイフで傷つけた．
      b. ビルは生き延びた．

一般的に我々は (a) の文を聞いて，(b) と理解する．しかしこれは後者が前者の

適切条件となっているからではない．

　意味には言語表現の意味と話者の意味の区別があることをすでに見た．Grice は文の意味するところとその意味から含意されるもの (implicature) の区別を提案した (Grice 1975)．後者はさらに言語表現に与えられた慣習的な意味から生じる**規約的含意** (conventional implicature) と会話の原則に則って得られる**会話の含意** (conversational implicature) に分けられる．(112b) が前者の，(113b) が後者の例である．日本語の接続助詞「が」はその論理機能からは論理式のなかで連言としてしか表示されえない．

　　(114)　　japanese(t) & hate(t, bath)

しかし，同じ連言で表現されるだろう (115) からは (112b) を導くことができない．

　　(115)　　太郎は日本人で，お風呂が嫌いだ．

Grice はこうした論理式への翻訳の過程で抜け落ちてしまうような言語表現の慣習的意味を規約的含意と呼んだ．

　一方，会話の含意は会話の進行を司る大原則であるところの，**協調の原理** (principle of cooperation) から得られるものである．例えば，(113a) で代わりに用いることのできる動詞，例えば「殺す」，を使わなかったことは，数量に関わる訓言，「当該の会話の目的に適う程度に情報を提供しろ」から判断して，「殺人には至らなかった」という判断を聞き手に与えることになるという．こうした非論理的な含意 (implicature) は，意味論と語用論の境界領域にあって，多くの興味ある現象を含んでいる．

1.10　時と出来事の構造

　文の意味を語る上で忘れてはならない重要な概念のひとつに時の解釈の問題がある．文の論理形式を考える際に，今までは時制（テンス）を無視してきたが，この節ではどのようにして時制が文の意味の一部として取り込まれるかについて考察してみよう．

　H. Reichenbach は時制の表示に関して古典的枠組みを提示している．Reichenbach によれば，時制は三つの時間軸上の点の関係概念として表される．

　　(116)　　a.　S: speech time 発話時

        b. E: event time 出来事時

        c. R: reference time 規準時

これらの時間点と時間的先行関係および時間的並列関係の二つを用いて，単純未来や単純過去の図式を次のように表した．（詳しくは Reichenbach(1947)，Hornstein(1990) などを参照．）

(**117**)   a. John will leave.   S → [E, R]

        b. John left.   [E, R] → S

出来事時が発話時に先行または後続するということが単純過去や単純未来の時制の表す内容である．

　規準時の概念は過去完了形が表す時の概念を記述するときには特に有効に働く．

(**118**)   a. John had left.   E → R → S

        b. John had left <u>when I arrived.</u>

過去完了形は発話時に先行するある時点，すなわち規準時，からさらに遡って，過去のある時点において出来事が起こったことを表している．(118b) のようにこの規準時に当たる時点での出来事が副詞表現で明示される場合もある．こうした Reichenbach の枠組みは，単純時制における規準時の配置に関わる恣意性や通常の述語論理の枠組みに取り込みにくいことなどもあって，その後の形式意味論の発展においては採用されなかった．

　A.N. Prior を中心として発展してきた時制論理学は様相論理学と似通った構造を持っていて，通常の述語論理学に次の四つの時に関わる演算子を加えたものである (Prior 1967)．

(**119**)   a. F   未来

        b. H   過去

        c. G   継続未来

        d. A   継続過去

例えば，先の (117a), (117b) の時の解釈は，この枠組みでは次のような論理式で表現される．

(**120**)   a. $F[\text{leave}(j)]$

        b. $H[\text{leave}(j)]$

これらの真理条件は以下のようになる．

1.10 時と出来事の構造

(121) a. F[leave(u)] が時間点 t において真となるのは次の場合でかつその場合のみである．
　　　　leave(u) が t に後続するある時間点 t' において真であるとき．
　　b. H[leave(u)] が時間点 t において真となるのは次の場合でかつその場合のみである．
　　　　leave(u) が t に先行するある時間点 t' において真であるとき．

この枠組みは後のモンタギュー文法理論においても採用されている．時制論理学が演算子を用いて構築されているために他の演算子や量化子との相互作用も予測され，事実自然言語においてこのような現象が見られる．(122)は多義的に解釈できる．

(122)　Everyone was small. （皆は小さかった．）
(123) a. 今いる皆について，その一人一人がいずれも過去において小さかった．
　　b. 過去のある時点において，その時点の皆は小さかった．

前者は成長を話題にした場面で，後者は人間の平均身長が伸びたことを話題にした場面などで用いられる可能性のある解釈である．こうした多義性は量化子と時制演算子との相対的な作用域の広さの違いに帰結して分析できる．

(124) a. $\forall x\, \text{H}[\text{small}(x)]$
　　b. $\text{H}\,\forall x\, [\text{small}(x)]$

しかし時制論理学の演算子は自然言語の時制の多様性を十分な精度を持って記述するには貧弱なシステムであり，述語アスペクトの問題と併せて，課題も多く残している．

時の観念はより広く捉えれば，出来事の記述の一部を成すものである．これは Reichenbach の体系にも出来事時という概念として部分的に具現されている．D. Davidson は出来事の論理学を極めて具体的に提案し，その有効性を示唆している (Davidson 1967)．彼は次の一群の文の間に見られる含意の関係に着目し，これを論理式の構造から導きだそうとした．

(125) a. John washed Fido with soap in the bathroom.
　　b. John washed Fido with soap.
　　c. John washed Fido in the bathroom.
　　d. John washed Fido.

例えば，(125a)は(125b), (125c), (125d)を含意しているし，(125b)や(125c)はそれぞれ(125d)を含意している．通常の述語論理ではこのような含意関係を論理式の構造に求めることができないばかりか，可変的多項性の問題も生じてくる．Davidsonは述語の項に出来事の項を与え，この項が存在量化子によって束縛されているような構造を提案した．この考え方に沿って，(125a)の意味を言い換えると次のようになる．

(126) ジョンがファイドーを洗うという出来事が起こって，その出来事に使われた道具は石けんで，その出来事が起こった場所は風呂場で，その出来事は現在より以前に起こった．

これを論理式で表すと概略次のようになる．

(127) $\exists t[t < \text{NOW} \ \& \ \exists e[\text{washing}(e, j, f) \ \& \ \text{in}(e, \text{bathroom}) \ \& \ \text{with}(e, \text{soap}) \ \& \ \text{at}(e, t)]]$

ここでtは時間軸上の点を表す変項で，eは出来事の類の変項である．時制は存在量化子によって束縛された出来事の項を時間軸上に配置する働きを持つ．この出来事の表示において，(125a)で述べられているひとつの出来事が，複数の下位出来事の連言として表されていることに注意したい．連言を主たる連結子とした式がその構成要素をひとつ取り除いた式を含意することは論理学の基本である．

(128) $(p \ \& \ q) \rightarrow p$

したがって，(127)は次の式のどれをも含意することになる．(主語や目的語なども出来事のθ役割関係(動作主，起点，着点などの主題関係，thematic relations)として切り離すことも可能である．Parsons(1990)などを参照．) このことから(125)に見られる含意の関係が論理式の性質から導きだされる性質のものであることが示せる．

(129) a. $\exists t[t < \text{NOW} \ \& \ \exists e[\text{washing}(e, j, f) \ \& \ \text{in}(e, \text{bathroom}) \ \& \ \text{at}(e, t)]]$
b. $\exists t[t < \text{NOW} \ \& \ \exists e[\text{washing}(e, j, f) \ \& \ \text{with}(e, \text{soap}) \ \& \ \text{at}(e, t)]]$
c. $\exists t[t < \text{NOW} \ \& \ \exists e[\text{washing}(e, j, f) \ \& \ \text{at}(e, t)]]$

この理論のもとでは，様態の副詞なども，単なる動詞句の付加要素ではなく，出来事を項として取る述語として扱うことができる．

(130) a. John washed Fido quickly.

b. $\exists t[t < \text{NOW} \ \& \ \exists e[\text{washing}(e,j,f) \ \& \ \text{quick}(e) \ \& \ \text{at}(e,t)]]$

こうした出来事の項が文の意味の重要な要素として機能していることは，自然言語で直接出来事に言及するような表現が頻繁に見られることからも納得のいくものである．

(131) a. A washing took place yesterday. （洗濯は昨日起こった．）
b. a washing of Fido by John （ジョンによるファイドーの洗濯）

出来事意味論は最近になって再び，ネオデビッドソン派と呼ばれる論理学者，言語学者の間で注目され新たな展開を見せ始めている．（ネオ・デビットソン派の研究としては Parsons (1990) などを参照．）

第1章のまとめ

1.1 言語研究の領域における意味論の占める位置は，言語使用者の言語知識の一部として意味に関する知識が存在するという事実から自ずと定まる．
1.2 言語表現を用いて情報の伝達をする際に，表現自体が持つ言語的意味と発話の行為者がその表現を通じて意図する使用者の意味を区別しないといけない．
1.3 意味を担う最小の自由形式である言語単位は語である．語の意味を分析する道具立てとして，意味素性に基づく記述と意味公準を用いた記述がある．語の意味関係として重要な概念には同義性，反意性，包摂性などがある．
1.4 言語表現の意味を考える際に必ず関わってくる古典的概念のひとつに指示と意義の区別がある．この Frege の重要な区別は後の形式意味論の流れにおいて内包と外延の対立として明確化される．
1.5 述語と名辞表現だけでは文の意味を記述することはできない．文の論理形式のなかで重要な働きをするのが量化子で，量化子の作用域の問題は多くの興味深い言語事実のなかに見られる．
1.6 述語の項となる言語表現の要素として固有名，量化子に束縛された変項などがあるが，これ以外にも英語などの定冠詞に導かれた確定記述と呼ばれる表現の型が存在する．唯一の存在に関する主張を表現の意味の一部とするか，前提と考えるかで二つの異なる意見が見られる．
1.7 文に使われている指示表現を別の同一指示の表現で置き換えても，文の真理値に影響がない場合それは透明な文脈と呼ばれる．一方，こうした置換によって意味の同一性が保たれなくなってしまうような環境を不透明な文脈と呼ぶ．
1.8 文から項を抽出し述語を作る機能を持つラムダ演算子と呼ばれる要素がある．

自然言語の現象として関係節構造や動詞句削除におけるずさんな同一性の解釈の扱いにおいて，このラムダ演算子の有効性が顕現する．

1.9 文の意味関係にみられる重要な概念として伴立関係がある．伴立関係は否定や疑問の文脈において消滅することがあるが，同様の環境において固執する概念を前提と呼ぶ．前提は言語表現自体に備わっている規約的な含意の一種と捉え，これと対立する概念として会話の含意を設定する考え方もある．

1.10 文の論理構造のなかで重要な役割を果す時制の構造は，古典的な述語論理学の枠組みのなかでは取り残されていたが，時制論理学の発展にともなって関心を集めるようになってきた．時の構造はまた Davidson の事象の構造とも大きな関わりを持っており，広く時制と相(アスペクト)の現象の分析に関連する．

2
論理的アプローチ

2 論理的アプローチ

【本章の課題】

　古来より，言語と論理は，いわば，「二にして一である」といわれる．このような素朴な言明に接すると，かなり多くの言語学者は嫌悪感をいだくかもしれない．他方，近年以降の厳密な——数学的に完璧な——形式言語の諸体系を対象としてきた論理学者の一部は，自然言語と聞くと，不愉快な思いがするかもしれない．しかしながら，今日の意味論研究の発展をみてみると，この言明は，言語の科学的研究にとってきわめて興味深い視点を示している．

　本章の目的は，自然言語を厳密に規定された論理的手法に基づき研究する（概ね 1970 年代以降の）意味論研究の展開について，現在の視点から概観することにある．本章では，便宜上，このような意味論研究を「形式意味論」と呼ぶことにする．「形式意味論」という呼称は，英語の "formal grammar" が「形式文法」と呼ばれることがあるのに対応して，英語の "formal semantics" に当たる便宜的な日本語である．

2.1 言語と論理

本論に入る前に，論理と自然言語(人間言語)について，形式意味論の立場からふれておこう．まず，「自然言語の意味などというものは，論理を使って分析できるものではない」といった批判に対しては，次のように答えることができる．そのような批判は，たいていの場合，「論理」に対する考えを固定して考え，その上で論理的アプローチの限界を指摘しているのにすぎない．ことばの意味の内に潜む論理性自体を否定することと，従来の論理学における既存の論理体系の記述・説明能力の限界を指摘することとは，別問題である．

したがって，言語の意味に論理を用いてアプローチするのは間違っているという批判は，実質的な批判というよりも，むしろ，研究者の好みの問題にすぎなくなる．形式意味論に基づく自然言語の意味論研究を「論理的アプローチ」と呼ぶことには一応問題がないとしても，それを旧来の「論理的意味論」という用語で片づけてしまおうとすると，誤解を招く恐れが多分にある．本章では，「論理」に対して，きわめて柔軟な見方を前提にしている点にまずもって注意しなければならない．

「言語理論は認知科学の一分野である」という今日広く認められている考え方がある．次に，この観点から，形式意味論を取り上げてみよう．認知(科学)とはなにかという問題自体，いまだ十分には明確化されてはいないが，ここでは，常識的に，「言語理論は自然言語の側から人間の認知的メカニズムの解明を目指すものである」というように考えることにする．

今日の形式意味論研究の直接の源は，次節で説明するように，モンタギュー意味論に遡る．たしかに，R. Montague 自身の自然言語に対する考え方は，従来の言語学者の間での常識とは基本的に異なっている．たとえば，Montague の論文集 (Montague 1974) には "Universal Grammar" という表題の論文が含まれているが，Montague にとっての "universal" とは，従来の言語学者の考え方とは異なり，自然言語にかぎらず形式言語の体系も含めて，言語を数学的に厳密に規定された共通の一般的な枠組みで記述することに相当している．

しかし，今日の形式意味論研究を古典的なモンタギュー意味論と同一視してはならない．実際，Montague 以降，「状況意味論」，「談話表示理論」，「動的

意味論」などと呼ばれる新しい枠組みが提起されるとともに，明示的な意味論に基盤をおく自然言語の理論的研究では，まさに，言語と認知との関わりが中心的なテーマの一つになっている．

　自然言語の認知にかかわる問題は，狭義の文法の立場でだけアプローチしなければならないという必然性はない．もちろん，統語論の自立性を仮定して，言語の科学としての自然言語の理論的研究を推し進めていくことも，それなりに正当化される方策ではある．しかし，言語理論は認知科学の一分野であるということを認めたうえで，意味論的観点からこの問題にアプローチすることは，それ自体，なんら矛盾してはいない．また，このような意味論的立場でも，厳密に形式化された枠組みに基づきアプローチするというのは，科学的研究の一分野としての言語理論にとって当然の研究方法である．

　冒頭で述べたように，従来の論理学者の一部には，暗黙裡に，自然言語のような不純なものには手を染めたくないという思いがあるかもしれないが，すでに「賽は投げられた」のである．現在，ヨーロッパやアメリカを中心にして，明示的な意味論を基盤とする研究領域では，論理哲学，数学のみならず，計算言語学，人工知能(artificial intelligence，AI)などの工学的研究者との学際的研究が，従来の文科系・理工系の壁を越えて活発に推し進められている．一例を挙げると，アムステルダム大学を中心にして，ヨーロッパ全土にわたる"European Association for Logic, Language and Information"という学際的な組織があり，毎年，数多くの学会が開催されている．

2.2　モンタギュー意味論

(a)　モンタギュー意味論の登場

　今日の明示的な自然言語の意味論研究，すなわち，形式意味論は，直接的には，Richard Montague(1930–1971)に源を発している．彼の言語理論は，**モンタギュー文法**(Montague Grammar，MG)，ないしはその意味論に重点をおいて**モンタギュー意味論**(Montague Semantics)と呼ばれる．Montagueの主要な論文は，彼の死後，R. Thomasonによって，Montague(1974)の中に再録されている．

2.2 モンタギュー意味論

UG と PTQ

この論文集の中で，"Universal Grammar"（第 7 章）と "The Proper Treatment of Quantification in Ordinary English"（第 8 章）の二つの論文はとりわけ重要である．前者の論文は，通常，UG の略称で参照される．UG では，Montague の言語理論が総合的に体系化された形で示されており，そこでは，言語の理論的体系が代数的に厳密に規定されている．後者の論文は，通常，PTQ の略称で参照され，モンタギュー文法のいわば「標準理論」として，その後のモンタギュー文法の研究の出発点となったものである．実際，「従来のモンタギュー文法」と何の断りもなしに言及された場合，われわれが思い浮かべるのは PTQ で記述された枠組みである．（PTQ および UG の枠組みの詳細については，白井（1985）の中の解説を参照されたい．）

PTQ は，UG で示された総合的な枠組みを英語の断片に対して具体的に適用したものといえる．一見したところ，従来の言語学者には，PTQ の記述の仕方の方がはるかに親しみやすく感じられたので，その後のモンタギュー文法の研究では，PTQ で提示された枠組みに基づき，それを修正・発展することが試みられてきた．

PTQ の特質

PTQ は UG に比べて親しみやすいと述べたが，通常の読者がこの論文を何の解説書もなしに読む際には，違和感を覚えたり，難解であると思うであろう．この違和感，難解さには，それなりの理由が考えられる．PTQ がきわめて読みづらい論文である直接の原因は，この論文の外見上の構成による．PTQ は，30 ページたらずの論文であり，一つの新しい文法体系を提示しているわりには，あまりにもコンパクトに書かれている．このことは，従来の論理哲学での書式上の伝統に基づいているが，一般の読者にはかなりの負担となる．PTQ にはいくつかの英語の例文の分析が与えられてはいるが，この論文全体が，いわば，定義で構成されていると思えるほど簡潔に書かれていて，Montague は，これらの定義について，読者の便宜をはかるような配慮はしていない．とりわけ，彼が提示した「内包論理」(intensional logic, IL) を PTQ の本文の記述だけで理解するには，近年の論理哲学についての十分な素養が必要とされる．

PTQ が濃縮された論文であるために生じる困難は，このような技術的な問

題だけではない．読者がこの論文を読んで，直ちに，Montague の自然言語の意味論に対する基本的考えを理解するのも，さほど容易ではない．Montague は，PTQ，そして他の論文でも，自己の言語に対する考え方を正当化するためにはほとんど紙面を費やしていない．彼の言語理論は，G. Frege, R. Carnap, A. Tarski 等によってそれまでに切り開かれてきた論理哲学の流れの延長線上に位置づけられ，とりわけ，近年の様相論理（modal logic）の成果に基づいているが，彼は，このような方向に沿う意味論の立場がその当時競合しうる他のいかなるものに対しても優位であることに絶対の自信をもっていた．彼が自己の基本的立場を正当化するのにさほど労をとっていないのは，彼のこの信念に裏づけられていたからといえよう．

　以上のような論理哲学上の問題はさておき，PTQ が著された当時の言語学者，とりわけ生成文法の背景をもつ研究者が PTQ に初めて接した際には，その統語論の規定の仕方に対して違和感を感じたであろう．PTQ における統語論の規定の仕方は，それまでの生成文法とは異なり，（拡張された）範疇文法（categorial grammar）に基づいているが，その当時の言語学者には，一見したところ，あまりにもナイーブに見えたであろう．

PTQ 以降の発展

　ところが，このような PTQ の特質にもかかわらず，現実には，Montague の言語理論は，論理哲学の領域で関心を引くにとどまらず，言語学者にも強烈なインパクトを与える結果になり，PTQ を契機としてその後何百という論文が現れ，自然言語の意味論研究でめざましい進展がみられた．この歴史的経緯は，もちろん，偶然の成り行きではない．モンタギュー意味論の標準的な入門書である Dowty et al. (1981) の序論の中で，著者たちは，その当時の状況を端的に物語るうえで，次のように述べている（井口他訳 1987, p. 5）．

　　　変形生成文法の伝統の枠内で研究する言語学者は，意味論を，手に負えない，恐らくは究極的には理解することが不可能な言語の一部門であると考える傾向がある．文法理論の全体的構成を示す図式において，意味部門を表すボックスは，慣例的に「統語部門」という名のボックスの隣に描かれ，あいまいな矢印でそれと結びつけられている．意味部門に対応するボックスそのものには——それについてほとんど何も知られていないと信じ

られている文法の部門にふさわしく——たいていは何も入っていない．

　PTQ は，上の引用文で指摘された「ほとんどからっぽのボックス」(そして，「あいまいな矢印」)についても，厳密な形式的手法に基づき研究できる可能性を提示したのであった．したがって，これまでの生成文法の形式的な方法論に慣れ親しんできた研究者が，文法体系において意味論にもしかるべき十全な位置づけを与えたいと望んでいれば，PTQ に新鮮な感銘を覚えたとしても不思議なことではない．

　モンタギュー文法が言語学の領域に導入された当初は，一時期ではあったが，その統語論の不備を補う目的で，モンタギュー文法とその当時の変形文法とを折衷する試みがなされたこともあったが，その後，むしろ，拡張された範疇文法の利点が注目される結果になり，モンタギュー意味論の考え方を基盤として，範疇文法をさらに修正・拡張する方向に研究が進んでいった．さらに，それと並行する流れとして，「語彙機能文法」(Lexical Functional Grammar，LFG)や「主辞駆動句構造文法」(Head-driven Phrase Structure Grammar，HPSG)といった新しい文法理論が発展するのに伴い，これらの枠組みの意味部門を補完する道具としても，モンタギュー意味論の考え方はそれなりに取り入れられることになった(範疇文法，語彙機能文法，主辞駆動句構造文法については，本巻の第 4 章および第 5 巻第 3 章，第 8 巻第 2 章を参照)．

(b) モンタギュー意味論の基本的考え

　自然言語の意味的側面は，その形式上の側面に比べると，はるかに曖昧模糊とした実体に思われ，従来の言語学では，その実質的な研究は音韻論や統語論の研究よりも後回しにされてきた．一方，述語論理などの形式言語(人工言語)を対象としてきた論理学では，その言語の統語論と並行した形で，その言語の意味論も厳密に規定されたが，このような形式的手法を自然言語にも有効に適用するには，自然言語は，救い難いほどあまりにも雑然としているように思えた．Montague は，このような状況にあって，近年の論理哲学の流れと自然言語の意味論との橋渡しを試みたのであった．

　それでは，モンタギュー意味論で想定されている論理哲学上の基本的な考えを取り上げよう．この点に関して，モンタギュー意味論の基本的特質を一言でいえば，次のようになる．モンタギュー意味論は，

(1) **真理条件的意味論**(truth-conditional semantics)の考え方に基づき，
(2) **可能世界**(possible world)という形式的装置に依拠し，
(3) **モデル理論的意味論**(model-theoretic semantics)の方策を自然言語に適用したものである．

以下では，順をおって，これらの特質について，その要点を説明する．

意味解釈と意味表示

真理条件的意味論という，論理哲学の意味論における基本的な考え方について説明するに当たっては，まず，**意味解釈**(semantic interpretation)という概念を取り上げなければならない．この点は，本章でいう「明示的な意味論」という考え方についての最も基本的な要件にかかわっている．それは，また，従来の言語学の意味論ではあまり注目されてこなかった点でもある．

一般的に，「文を意味解釈する」とはいかなることであるか考えてみよう．ここで最も重要な点は，意味解釈という概念と**意味表示**(semantic representation)という概念との本質的な相違である．文の意味表示とは，一般的にいって，何らかの表示の体系を用いてその文の意味内容を表すことであるが，文を意味解釈するとは，たんに，その文に対して何らかの意味表示を与えることではない．そして，文の意味規定で最終的に問題となるのは，意味表示ではなく，意味解釈である．つまり，文の意味内容を何らかの表示で表したとしても，それが解釈されるためには，そもそも，その表示がどのように解釈されるかがあらかじめ了解されていなければならない．

従来の言語学における意味論では，意味表示自体に重点をおくあまり，以上の点はさほど注目されてはこなかった．ここで，自然言語の表現に対して組織だった仕方で何らかの意味表示を与えることができさえすれば，自然言語の意味論の仕事の大方は完了したのではないかと思うかもしれない．しかし，このような考え方は，いわば，文法体系の中の統語部門と意味部門との間の接点にかかわる問題のみを考慮しようという立場であるといえる．この一線を越えて，その表示が明示的にどのように解釈されるかという次元にまで研究を推し進めないかぎり，われわれは，意味論の本来の研究領域にどっぷりと浸かることはできないのである．たとえ，その表示がその言語の統語上の議論に基づきそれなりに正当化されるからといっても，研究の対象をその時点で抑圧してしまう

ならば，意味論の領域に本当に踏み込んだことにはならない．

真理条件的意味論

意味解釈をどのように考えるかという問題は，今日の意味論でも，引き続き基本的な課題の一つであり，それは，その意味論の枠組みの理論構成自体に関わる中核的な問題でもある．

これまでの真理条件的意味論の立場では，その答えは次のようになる．一般的にいって，

> 文を意味解釈するとは，その文が真であるためには世界がいかようであらねばならないかという条件——**真理条件**(truth-condition)と呼ばれる——を規定することである．

従来の論理哲学における意味論にとって，このような真理条件的意味論の主張はいわばテーゼであるといってもよいくらいに基本的なものである．この考え方の基本にあるのは，一般的にいって，言語表現は解釈を与えられることによって世界とのつながりを持たねばならないということであり，真偽が問題にされるのが文であるから，文は解釈されることによって，それが真となる世界の有りようが明示的に規定されねばならないということである．

この考えは誤解される場合があるので，一言，注意しておこう．自然言語の明示的な意味論にとって，真理条件の規定はその(最も基本的な)必要条件であり，ここでは，なにも，真理条件の規定がその十分条件であるなどとは主張してはいない．実際，次節で述べるように，今日の形式意味論では，その興味の中心は，もはや，真理条件の規定自体にあるのではない．

可 能 世 界

次に，可能世界という概念について取り上げよう．この概念は，従来，はなはだしく誤解されてきた．しかも，その誤解は，さきの真理条件的意味論の場合とは異なり，論理哲学の背景をもたない研究者の間で見られるだけではなく，形式意味論に従事する研究者の間でも混乱の元凶になってきた．

モンタギュー意味論では，世界に関して，可能世界という概念に立脚している．つまり，文の真理条件を考えるに当たっては，たんに，その文が発話される際にわれわれがおかれている実際の状況(の総体)だけを対象とするのでは

なく，このような世界の有りようと異なる有りようも対象にする．このような実際とは異なりうる世界の有りよう——ただし，実際の世界の有りようも含まれる——は，あまり適切な用語とはいえないが，従来，可能世界と呼ばれ，この概念に立脚する意味論は，一般的に，**可能世界意味論**(possible worlds semantics)と呼ばれる．モンタギュー意味論も，論理哲学的には，(真理条件的意味論に基づく)可能世界意味論の一つである．

　真理条件的な可能世界意味論では，文の真偽は，その真理条件に基づき，それぞれの可能世界に関して与えられる．ここで，従来の論理哲学の用語に従い，文の意味内容に対する近似として，それを**命題**(proposition)と呼ぶことにしよう．命題とはどのような意味対象であるかということは今日でも大きな問題であるが，可能世界に基づく真理条件的意味論の立場では，それは，その文が真となる可能世界の集まり(集合)に対応づけられる．形式的にいえば，命題とは，可能世界の集合から真理値の集合(すなわち，真と偽)への関数として規定される．

　例を挙げて説明しよう．その文が発話される際の実際の世界の有りようをw_0で表記し，w_0と何らかの仕方で異なる世界の有りようを，それぞれ，$w_1, w_2, w_3, \cdots$で示し，仮に，その文が$w_0, w_1, w_2, w_3, \cdots$で，それぞれ，真，真，偽，真，$\cdots$であるとしよう．この場合，その文が表す命題$p$は，可能世界の集合$\{w_0, w_1, w_3, \cdots\}$に対応づけられる．より厳密にいえば，命題$p$は，次のように図示される関数$f$として規定される(ここで，1, 0は，それぞれ，真，偽を示す)．

$$f : \begin{bmatrix} w_0 \to 1 \\ w_1 \to 1 \\ w_2 \to 0 \\ w_3 \to 1 \\ \vdots \end{bmatrix}$$

　「可能世界」という用語は，非常に誤解されやすい．その誤解の原因は，この用語を使う際に，その概念に対して自分なりの思い込みをしてしまうことによる．以下では，最も中立的な立場から，この概念を説明することにする(Stalnaker(1986)を参照)．可能世界というのは，論理哲学の意味論での形式

的な道具であり，この装置を用いるからといって，われわれは，なにも，空想の世界に踏み込むわけではない．中立的な見方に立てば，可能世界とは，世界の実際の有りように対する代案としての可能性を，形式上，モデル化したものにすぎない．問題としているのは，世界そのものではなく，世界の有りようなのである．

　したがって，可能世界という形式的な装置に依拠するからといっても，必ずしも，世界が一つであるか否かという哲学上の問題にコミットすることにはならない．現実世界以外の架空の世界の実在を意味論の中に持ち込むという立場も考えられるが，このような仮定(コミットメント)は，可能世界という概念にとって必須のものではない．可能世界という用語で「可能」という言葉を使っているのは，世界の有りようを規定する際に，現実とは異なる状況も考えに入れるということである．そして，可能世界という用語で「世界」という言葉を使っているのは，そのような状況の総体を考えていることにほかならない．

　われわれをとりまく現実の世界は，途方もなく大きなものであり，そこでは，実に様々なものが様々な属性をもち，他の様々なものとの間で様々な関係にある．しかし，上で述べたように，可能世界とは意味論を構築するうえでの形式的装置の一つであり，世界の有りようとしての可能性をモデル化したものにすぎない．そして，その可能性としての有りようは，当該の意味論が世界の中の何を問題にするかに依存している．したがって，問題にする対象，およびそれらの属性や関係は，理論上は，きわめて限られたものであってもかまわないのである．たとえば，青，黄，赤の玉が1個ずつあり，それらが，それぞれ，二つの箱のどちらかに入っている場合を考えるとすれば，問題となる世界の有りようの可能性としては，2^3通りしかないことになる．それぞれの可能性では，実際には，ほんのわずかな対象とそれらの属性ないしは関係しか問題にしていない．つまり，可能世界という用語で「世界」という言葉を使っているが，それは，理論上，なにも大きなものでなければならないというわけではない．

モデル理論的意味論

　最後に，モンタギュー意味論の最も重要な特質である，さきの第3の点について簡単に説明しよう．すなわち，モンタギュー意味論は，モデル理論的意味論の方策を自然言語の意味論に適用したものである．(ただし，次節の中で取り

上げることになるが，今日の形式意味論は，この点に関しても，モンタギュー意味論の基本的な考えをそのまま受け継ぐわけではない．)

意味解釈に関してすでに指摘した点を一般化していえば，明示的な意味論に対する基本的要件として，自然言語の表現は，何であれ，解釈されることによって，世界とのつながりをもたねばならないことになる．これまでは，言語表現として文全体を対象にしてきたが，文は，その基本表現から，統語規則によって，順次，より大きな構成素が形成されて生成される．したがって，自然言語の意味論がその統語論と組織だった仕方で関連づけられるためには，それぞれの構成素の表現に対してもその意味対象が付与されなければならない．つまり，言語表現は，一般的に，世界の中の何らかの構成体に対応づけられることになる．この対応づけが行われるためには，まずもって，世界を形式的に構成する明確な枠組みが必要となる．この要求と合致するのが，モデル理論的意味論で発展してきた方策である．そこでは，集合論の装置に基づき，世界に対する数学的なモデルが構築される．このようにして，自然言語の表現は，意味解釈されて，最終的には世界の中の**モデル理論的対象** (model-theoretic object) に対応づけられることになる．モンタギュー意味論でのモデルの規定についてこれ以上述べようとすると，その論理的基盤である内包論理という形式言語の体系について詳しく説明しなければならないことになるが，本章ではそこまでは立ち入らない (興味のある読者は，たとえば，白井(1985)の第7章の解説を参照されたい).

モンタギュー意味論の構成

それでは，モンタギュー意味論において自然言語の表現がどのように意味解釈を与えられることになるか，その概略を図示しておこう．

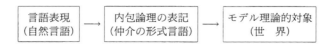

自然言語の表現は，まず，仲介の形式言語である内包論理の表記に組織だった仕方で翻訳され，その論理構造が明確にされる．そして，この内包論理の表記は，内包論理の厳密に定義された意味論に基づき解釈され，世界の中のモデル理論的対象に対応づけられることになる．ここで，次の点に注意しなけれ

ばならない．モンタギュー意味論で中間の表示が用いられているのは，たんなる記述の便宜のためにすぎない．理論上は，このような翻訳過程は，モンタギュー意味論にとって不可欠ではない．多少，形式化の点では煩雑になるが，自然言語の表現は，直接，解釈されて，モデル理論的対象に対応づけられてもよい．Montague の UG および PTQ の枠組みでは，上で図示した翻訳方式が採用されているが，彼の他の論文，"English as a Formal Language" (Montague (1974)の第6章として収録)では直接解釈方式が用いられている．ただし，この場合でも，自然言語は，論理的には，モンタギュー意味論が基盤としている内包論理の体系に基づき分析されることには変わりはない．

したがって，モンタギュー意味論での内包論理の表示は，言語学での意味表示，ましてや，従来の文法理論における論理形式(logical form，LF)には相当していない．言語学では，そのような表示レベルを想定することには，そのレベルにおいて得られる言語学的に有意義な一般化が存在するという主張が含まれているが，Montague の内包論理という表示に関しては，このような主張は含まれていない．モンタギュー意味論では，意味論の中心的課題は意味解釈であり，意味表示それ自体ではない点に注意しなければならない．

(c) Montague の英語の名詞句の分析

自然言語に論理分析を与える際には，その統語上の事実を無視して，勝手に論理構造を措定するわけにはいかない．その表層の統語構造と論理構造との間にどれだけミス・マッチが許されるかは，結局のところ，その準拠する文法体系の全般的構成に依存した問題であるが，少なくとも，両者は組織だった仕方で結びつけられねばならない．

それでは，以上の一般的な点を念頭において，Montague の英語の名詞句の論理分析をみてみよう．

(1) John loves Mary.
(2) Every boy loves Mary.
(3) A boy loves Mary.

通常の論理分析

これらの英文の論理構造は，通常の述語論理に基づけば，それぞれ，次の

(4)〜(6)のように表される．

- **(4)** $\text{love}'(j, m)$
- **(5)** $\forall x[\text{boy}'(x) \rightarrow \text{love}'(x, m)]$
- **(6)** $\exists x[\text{boy}'(x) \,\&\, \text{love}'(x, m)]$

以上の式で，love′, boy′ は，それぞれ，"love", "boy" に対応する論理述語を表し，∀, ∃, &, → の記号は，それぞれ，通常の述語論理での普遍量化子(universal quantifier)，存在量化子(existential quantifier)，連言(conjunction)，含意(implication)を示す(第1章参照)．

(4)の式は，ジョンとメアリーの間に「愛している」という関係が成り立つことを示し，(5)の式は，(問題にしている)すべての少年について，それとメアリーとの間に「愛している」という関係が成り立つことを示し，(6)の式は，少年であり，かつ，メアリーとの間に「愛している」という関係が成り立つ個体が存在することを示している．したがって，以上の論理式は，確かに，対応する英文についてのわれわれの直観と合致した意味内容を表している．

しかし，これらの論理式と英文の統語構造との対応の仕方，とりわけ，それぞれの英文の主語の名詞句が論理構造の中でどのように対応づけられているか考えてみよう．(1)の "John" という名詞句は，(4)の式の中で，j という表現に対応づけられるが，(2)の "every boy"，(3)の "a boy" という名詞句は，(5)，(6)の式の中で，直接には対応する表現がない．さらに，(5)，(6)では，[ ] の中の式が，それぞれ，→, & という演算子で結びつけられているが，これらの式に対応する表現は，そもそも，もとの文には見いだせない．したがって，以上の式が表す論理構造と，対応する文の(表層の)統語構造との間には，かなりのミス・マッチがあることになる．

英語のような言語で名詞句という統語範疇を想定することには，これらの表現の統語的分布をみれば，かなり強い根拠がある．たとえば，英語では，名詞句は，主語の位置や動詞の目的語の位置や前置詞の後に生起する一般的な表現のクラスに当たる．しかし，さきの述語論理を用いた論理分析では，この統語的一般化が反映されてはいない．つまり，"every" や "a" などの限定詞の付いた名詞句は，統語的には，名詞句という範疇の一つのまとまりのある構成素をなしているにもかかわらず，以上の論理分析では，その論理構造の中で直接対応する形式をもたないのである．

2.2 モンタギュー意味論

Montague の論理分析

それでは，以上の問題点をふまえて，Montague の英語の名詞句の論理分析を説明しよう．ただし，ここでは，PTQ での実際の定式化を多少簡略した形で述べる．このように簡略化しても，基本的なアイデアには違いはない．

Montague は，自然言語（英語）の名詞句を，一般的に，個体の属性の集合を指すと考えてその論理構造を定式化した．たとえば，"John" という名詞句は，論理的には，ジョンという個体がもつ属性の集合を指す．つまり，"John" という名詞句は，たんに，ジョンという個体を指すとは考えずに，ジョンがもつ様々な属性の集まり——「少年である」，「メアリーを愛している」，等——として考え直すのである．一般的に，個体と，その個体がもつ属性の集合とは一対一に対応するから，英語の固有名詞の指示対象をこのように複雑に考えても，形式的には問題はない．

属性は，実際には，内包的(intensional)な概念であるが，ここでは，単純化して，属性を外延的(extensional)に考えることにすると，個体の属性は個体の集合に対応する(内包/外延という区別については，第 1 章を参照)．たとえば，「少年である」という属性は，特定の世界，時点についていえば，その世界，時点において少年である個体の集合に対応することになる．このように考えると，"John" という名詞句の指示対象は，集合論の表記を用いて，次のように定式化される．以下の説明では，従来の集合論の基礎事項を前提にしている(第 8 巻第 1 章を参照)．

(7) $\{X \subseteq E \mid j \in X\}$

上の表記で，E は，そのモデルにおけるすべての個体からなる集合，すなわち個体領域を表し，X はこの集合の任意の部分集合を示す．属性は，一般的に，E の何らかの部分集合として表され，ジョン(j)がその属性をもつとは，j がその部分集合の要素であることにほかならない．したがって，"John" という名詞句の指示対象は，$j \in X$ であるような，E の部分集合 X から成る集合として規定される．一般的にいって，Montague の考え方によれば，自然言語の名詞句の指示対象は，個体の集合の集合として定式化される点に注意しなければならない．

"every boy" のような名詞句の場合には，その指示対象を個体の集合の集合として定式化するのは，自然な考え方である("every boy" の指示対象に当たる

通常の個体が考えられない点に注意)．そのモデルにおいて，少年である個体の集合を $\|boy\|$ という表記で表すと，"every boy" という名詞句の指示対象は次のように規定される．

(8) $\{X \subseteq E \mid \|boy\| \subseteq X\}$

(8)の集合論の表記は，$\|boy\|$ という個体の集合を含む，E の部分集合から成る集合を示している．たとえば，仮に，そのモデルにおいて少年である個体がジョン(j)，ビル(b)，トム(t)であるとしよう($\|boy\| = \{j, b, t\}$)．j, b, t が表す個体は，それぞれ，様々な属性をもつが，いずれも，X という属性をもつとすれば($j \in X, b \in X, t \in X$)，このモデルでは，すべての少年がこの属性をもつことになる．そして，X という属性が j, b, t という個体に共通の属性であるということは，$\|boy\| \subseteq X$ であることにほかならない($j, b, t \in X \leftrightarrow \{j, b, t\} \subseteq X$)．

同様にして，"a boy" という名詞句の指示対象は次のように規定される．

(9) $\{X \subseteq E \mid X \cap \|boy\| \neq \varnothing\}$

ここで，$\cap$ は集合の交わり(intersection)の記号であり，$\varnothing$ は空集合(the empty set)を表す．したがって，(9)の表記は，少年である個体の集合 $\|boy\|$ と共通要素をもつ，E の部分集合から成る集合を示している．さきのモデルを使って説明すると，j, b, t が表す個体の中の少なくとも一つが X という属性をもつ——すなわち，$j \in X \lor b \in X \lor t \in X$——ならば，少年の中にこの属性をもつものが存在することになる．そして，X がそのような属性であるということは，X という集合と $\|boy\|$ という集合とが共通要素をもつ——すなわち，$X \cap \|boy\| \neq \varnothing$——ことにほかならない($\|boy\| = \{j, b, t\}$ であるから，$(j \in X \lor b \in X \lor t \in X) \leftrightarrow (X \cap \|boy\| \neq \varnothing)$)．

以上の Montague の名詞句の分析に基づけば，"every boy" や "a boy" のように限定詞の付いた名詞句であっても，名詞句それ自体に対して，直接，論理形式を与えることが可能となる．したがって，さきの(1)〜(3)の英文の主語の名詞句は，いずれも，それぞれの論理構造の中で一つのまとまりをなす論理表現として表される．さらに，文全体としても，その文の主語の名詞句の形態の違いにかかわらず，文の主語–述語構造に並行した形で，その論理構造が一様に規定されることになる．

2.3 最近の形式意味論の展開

(a) Montague 以降の発展の概略

モンタギュー意味論という呼び名は，今日でも引き続き使われることがあるが，モンタギュー意味論を出発点とした形式意味論研究のその後の大幅な進展を考えると，この用語は，もはや，古典的な意味合いしかもちえない．今日の明示的な意味論研究は，形式化の点でも，自然言語の意味論に対する見方においても，当初の Montague の枠組みや考え方からはかけ離れてきている．とりわけ，1980 年代に入ると，この傾向は顕著になり，以下に挙げるような，それぞれ独自の呼び名をもつ重要な発展がみられた(ここで，それぞれの枠組みの後に示したのはその提唱者の名である)．

（1） 一般量化子理論(Generalized Quantifier Theory)：
　　　J. Barwise & R. Cooper
（2） 代数的意味論(Algebraic Semantics)： G. Link
（3） プロパティ理論(Property Theory)： G. Chierchia & R. Turner
（4） 談話表示理論(Discourse Representation Theory)： H. Kamp
（5） 状況意味論(Situation Semantics)： J. Barwise & J. Perry
（6） 動的意味論(Dynamic Semantics)：
　　　J. Groenendijk, M. Stokhof & F. Veltman

これらの最近の発展は，いずれも，Montague 以降の形式意味論研究でとりわけ注目されているものであるが，以下では，それぞれの理論について，それがどのような意義をもっているか，簡単に説明する．状況意味論と動的意味論については，それぞれ，2.4 節と 2.5 節で個別的に取り上げることになる．談話表示理論については，第 7 巻第 2 章で扱っているので，本章では具体的には取り上げない．(談話表示理論の標準的なテキストとしては，Kamp & Reyle (1993) を，日本語での解説としては，白井(1991)の第 4 章を参照されたい．また，2.5 節(c)では，補足として，談話表示理論の最近の展開について簡単にふれている．) それら以外の理論については，詳しくは，以下の説明の中で挙げている文献を参照されたい．

一般量化子理論

2.2節(c)で説明したように,モンタギュー意味論では,自然言語の名詞句および限定詞に関して,興味深い分析が提示されているが,この考え方を数学的にさらに推し進めたのが,今日,「一般量化子理論」と呼ばれる研究である.

一般量化子理論では,自然言語の限定詞の指示対象は,一般的にいって,そのモデルの個体領域を E とすると,E の二つの部分集合の間で成り立つ特定の関係として規定される.そして,このような限定詞の規定の仕方に基づき,自然言語の限定詞について観察される普遍的な特質が研究されている.つまり,一般量化子理論では,自然言語を他の形式言語の体系から識別している特質,すなわち,従来の言語的普遍性にかかわる問題が論理的立場から取り上げられている(一般量化子理論の詳細については,直接には,Barwise & Cooper (1981) を,また,その解説としては,白井(1991)の第2章を参照).

代数的意味論

「代数的意味論」という呼び名は,便宜的に使っているのにすぎない.2.2節(a)の中で指摘したように,Montague の総合的な文法体系についての考え方が提示されているのは,彼の UG の論文であるが,そこでは,数学的道具立てとして,いわゆる「普遍代数」(universal algebra)の諸概念が重要な役割をはたしている(普遍代数については,その標準的なテキストとして,Grätzer (1968) を参照).ここでは,「代数的意味論」という用語で,これらの数学上の概念を自然言語の意味論の分析で積極的に利用する研究方向を一般的に指している.

この研究では,言語表現の意味対象は,従来のたんなる平板的な集合論的解釈ではなく,代数的解釈を与えることにより,その内部構造がより明確に規定される.それとともに,言語学的に密接に関連する意味対象領域の間の関連が代数系間の写像として規定されることになる.このような方策に基づく自然言語の分析の興味深い事例としては,たとえば,Link (1983) の束理論に基づく英語の複数名詞の意味分析がある(「束」(lattice)という数学上の概念については,第8巻第1章を参照).

プロパティ理論

2.2節(b)の中で述べたように,モンタギュー意味論では,自然言語の論理

構造を明確に映し出す上で，IL という論理体系が用いられている．IL は，タイプ理論に基づく高階の内包論理として特徴づけられる．この論理体系は，それまでの形式言語で提起された体系と比べると，自然言語の表層の構造にかなりの程度で密着した論理体系である．そして，モンタギュー意味論では，この内包論理を論理的基盤とすることによって，自然言語の意味論についての興味深い分析が可能となったといえる．

しかし，Montague が提起した内包論理には，自然言語の叙述(predication)の問題，および属性概念の扱いに関して基本的欠陥がある．「プロパティ理論」という名で呼ばれる枠組みでは，この点に関して，IL を修正・発展した新しい体系が提起されている．この論理体系では，従来のタイプ理論に起因する内包論理の問題点が克服され，さらに，IL のように高階である必要がない．(モンタギュー意味論の属性(より一般的には，内包性)の扱い方の問題点については，2.3 節(b)の中でも簡単にふれるが，従来のタイプ理論の問題点およびプロパティ理論の詳細については，直接には，Chierchia & Turner(1988)を，また，その解説としては，白井(1991)の第 3 章を参照されたい．)

形式意味論の新しい動向

最後に，(4)〜(6)で挙げた新しい意味論の枠組みについて，それらが今日の明示的な意味論研究でどのような意義を持っているか，簡単に説明しておこう．これらの意味論の枠組みは，いずれも，たんに，意味論の形式化における問題ではなく，そもそも，Montague の意味に対する基本的な見方自体にかかわる問題をふまえて提起されたものである(このようなモンタギュー意味論の基本的な問題点については，次の 2.3 節(b)で取り上げる)．

われわれは，モンタギュー意味論の登場とともに，自然言語の意味論に対しても，明示的な理論構成に基づき，また，厳密に形式化された道具立てを用いてアプローチする可能性を見出したが，そこでは，善かれ悪しかれ，従来の形式言語に対する分析の伝統を半ば暗黙のうちに踏襲している点がみられた．とりわけ，モンタギュー意味論では，意味に対して，従来の真偽の理論の考え方がそのまま踏襲されている．

ところが，今日の形式意味論では，自然言語の意味論研究の中心的課題は，もはや，従来の論理哲学における真偽の規定自体にあるのではなく，言語表現

が担っている情報という対象を形式的に研究し，それとともに，発話としての言語形式が，動的なコンテクスト（文脈）との相互作用に基づき，情報を伝える機構を明らかにすることにある．以上の新しい意味論の枠組みは，このように自然言語の意味論に対する興味の中心が移行してきたことを背景として登場したのであった．

この新しい意味論の動向は，一言でいえば，次のスローガンで示される．

真偽に関する静的な意味論から，情報（の伝播）に関する動的な意味論へ．

(b) モンタギュー意味論の基本的問題

今日の明示的な意味論の発展段階から眺めると，従来の Montague 流の意味論の最も本質的な難点は，次の二つの問題として整理される．

（1） 動的な意味解釈
（2） 意味対象の部分性

発話状況への依存性

まず，第1の点を取り上げる．これまで，（言語表現の）「意味内容」という言葉を当然のように使ってきたが，これは，意味という理論的概念について重大な誤解を招く恐れが多分にある言い方である．このように述べると，意味というものが，あたかも，言語表現自体に付着した静的な性質を持つような印象を与えかねない．しかし，言語表現は，発話が行われる様々な場面の中で，また，それまでに話し手と聞き手の間で交わされてきた発話の文脈の中で，それが何を表しているか，どのような情報を伝えるか，決まるわけである．したがって，言語表現の表す意味内容は，このような動的な発話状況から独立して考えられるものではない．自然言語の意味論では，従来の論理学で用いられた形式言語の場合とは異なり，発話状況に対する依存性を無視することは本質的に許されない．

たとえば，簡単な例として，次のような文の解釈を考えてみよう．

（10） 君があいつに言ったことはまちがっている．

この文には，「君」，「あいつ」という指標的(indexical)な表現が含まれている．（また，いつ「言った」かということを問題にしてみればわかるように，時制も基本的には指標的な性格をもつ．）このような指標的表現は，明らかに，発話

2.3 最近の形式意味論の展開

状況を考慮しない限り、何を指すか決まらない。「君」は発話状況での聞き手を表し、「あいつ」は、発話の場面、ないしはそれまでの文脈から定まる特定の人物を指している。

　Montague の意味論の構想においても、当初から、こういった語用論上の要因を取り込むことが意図されていた。（実際、Montague (1974) に収録された論文の中には、"pragmatics" という言葉が表題の中で使われているものがある。）Montague の総合的な文法体系では、"unicorn" や "kill" のような通常の表現だけではなく、"you" や "here" などの指標的表現も統一的に扱う形式的枠組みが提示されている。その枠組みでは、言語表現の指示対象を規定する際に、従来の可能世界（および時点）だけではなく、話し手、聞き手、発話の場所、等の諸要因も考慮される。そして、言語表現の意味は、一般的にいって、このように拡張された要因から成る**指標**（"indices"、ないしは "points of reference"）からその指示対象への関数として規定されることになる。

発話とコンテクストの関係

　ところが、今日では、Montague の語用論的要因の取り扱いは、自然言語の動的な意味解釈という問題に対処するには、根本的に不十分であることが明白になっている。つまり、Montague の語用論的要因の扱いでは、自然言語のもつダイナミックな特質がまったく見逃されている。自然言語の発話としての言語形式と、発話のコンテクストとの相互関係について考えてみると、最も重要な点は、両者の間の関係は双方向的であるということにある。すなわち、

（１）　コンテクストは（発話としての）文の意味内容を規定するだけではなく、
（２）　その発話が（それ以降の意味解釈の基盤となる）新たなコンテクストを規定する。

　自然言語の意味解釈の機構を考えるに当たっては、発話とコンテクストの間のこのような動的な相互関係を真剣に問題にしなければならない。従来のモンタギュー意味論の意味解釈の機構は、自然言語に対してははなはだ不十分な静的な性格の域からほとんど出ていなかったといえる。（モンタギュー意味論にかぎらず、従来の静的意味論の考え方については、2.5 節では、動的意味論と比較して取り上げる。）

　自然言語の解釈が（双方向的に）コンテクストに依存しているという事実は、

自然言語が，形式言語と比べると，不完全な体系であるということを示しているのではなく，むしろ，情報の伝達手段としての自然言語の有する**効率性**(efficiency)を示している（「効率性」という言葉は，2.4節(a)で説明する状況意味論の用語である）．自然言語の意味論では，発話のコンテクストへの依存性をなんらかの仕方で解消して考えるのではなく，それを，自然言語の本質的な特質の一つとしてそのまま受け入れ，その意味論の理論構成自体の中で直接取り込まないかぎり，興味深い自然言語の意味論は構築されない．

命題と可能世界

次に，第2の意味対象の部分性という問題を取り上げよう．この問題は，従来のモンタギュー意味論で用いられている可能世界という概念にかかわっている．したがって，それは可能世界意味論に対して一般的に当てはまる問題でもある．

まず，2.2節(b)で述べた命題の規定を再び考えてみよう．そこでは，命題は，その内部構造をいっさい考慮せずに，それが真となる可能世界の集合に対応づけられた．ところが，このような命題の規定の仕方は，明らかに，きめが荒すぎる．たとえば，論理的に真である命題を考えると，これらの命題は，すべての可能世界に関して真となるから，いずれも，すべての可能世界の集合に対応づけられ，互いに区別されないことになってしまう．

以上の点は，いわゆる**命題態度**(propositional attitude)の問題を考えると，さらに明白になる．たとえば，次の文を比べてみよう（この例は，Thomason (1980)から取ったものである）．

(**11**)　John knows that all groundhogs are groundhogs.

(**12**)　John knows that all groundhogs are woodchucks.

"groundhog"と"woodchuck"は，同一の動物（北米産のリス科の動物）の別名にすぎず，これらの表現は，すべての可能世界に関して同一の指示対象をもつ．したがって，(11)と(12)の中の"that"以下に埋め込まれている文が表す命題は論理的に等値であり，(11)と(12)の文が表す意味内容は互いに区別されないことになる．しかし，この帰結は明らかにわれわれの直観に反する．ジョンが自己同一性の論理がわからないような異常な人物でないかぎり，(11)は，当然のことを述べているにすぎないが，他方，(12)がいえるならば，ジョンはある

特定の知識をもっていることになる．

　これらの問題は，従来の可能世界意味論での命題に対する単純な規定の仕方に起因している．そこでは，命題は，その内部構造をいっさい考慮せずに，たんに，それが真となる可能世界の集合に対応づけられた．したがって，ここでは，可能世界という概念自体が直接に問題にされているわけではない点に注意しなければならない．実際，基本的には可能世界意味論の考え方に立脚しつつも，命題という概念をより精巧に——つまり，その内部構造も考慮に入れて——規定する道が残されている．つまり，以上の議論でもって，即座に，可能世界という概念を自然言語の意味論から葬りさることにはつながらない．

属性と可能世界

　次に，属性という概念について再び考えてみよう．従来のモンタギュー意味論の分析では，自然言語の普通名詞や動詞句は，ともに，外延としては個体の集合を表し，内包としては個体の属性を表すと考えられている．そして，個体の属性は，一般的に，可能世界（および時点）の集合から個体の集合への関数として規定される．ところが，次の文を比べてみよう（この例は，Chierchia (1984) から取ったものである）．

(13) 　This book was bought (reluctantly).

(14) 　This book was sold (reluctantly).

"to be bought", "to be sold" という動詞句は，それぞれ，買われたもの，売られたものという属性を表す．ところが，買われたものは，必ず，売られたものであり，その逆もいえる．つまり，これらの属性は，すべての可能世界に関して，互いに同一の指示対象をもつ．したがって，従来の可能世界に基づく属性の規定では，これら二つの属性は区別されないことになる．しかし，これはわれわれの直観に反している．つまり，買われたものと売られたものとは，異なる概念としての内包を表すと考えられよう．実際，(13), (14) の文で，副詞の "reluctantly" を付加して考えてみれば，これらの文に対する真理条件は同じとはならない（「いやいや買う」ことと，「いやいや売る」こととは，別である）．

　したがって，問題は，命題だけに限られるのではなく，一般的に，可能世界意味論における言語表現の内包の規定の仕方の不備にかかわっている．つまり，モンタギュー意味論での可能世界に基づく内包の定義は，自然言語に対しては

弱すぎるのである．しかし，以上の議論も，やはり，可能世界という概念を自然言語の意味論から完全に葬りさることには直結しない．つまり，従来の可能世界に基づく弱い内包(だけ)ではなく，もっと強い概念としての内包が自然言語の意味論では必要とされるということを示しているにすぎない．

情報の部分性

可能世界をめぐる議論は，結局のところ，意味論の規定でのたんなる形式的な問題ではなく，自然言語の意味論に対する見方そのものに深くかかわっている．2.3節(a)で指摘したように，今日の明示的な意味論研究では，従来のような，真理条件の規定に基づく意味の真偽の理論から，言語表現が担っている情報についての理論的研究へと，その興味の中心が移っている．このような自然言語の意味論に対する新しい見方を真剣に推し進めようとするならば，モデル理論的意味論の方策を自然言語の意味論研究で用いる際には，言語表現に対応づけられる意味対象は，従来のようなモノ的な対象ではなく，情報論的観点から捉え直されねばならない．ここで，とりわけ重要な点は，情報という対象の最も基本的な特質として，それが本質的に**部分的**(partial)な意味対象であるということである．われわれの言語コミュニケーションでは，たとえ，きわめて限定された言語行為の場であっても，われわれが世界の有りようについてもつ情報は部分的でしかなく，現実には，このような部分的な情報に基づき，われわれの言語行為は行われている．

今日の明示的な意味論が情報(の伝播)の形式的理論へと発展していく過程で，自然言語に関する意味対象の部分性についての問題は，もはや，無視することができなくなってきている．ところが，可能世界という概念は，2.2節(b)で説明したように，世界の有りようについての総体に対応しているにすぎない．したがって，このような全体的な概念装置だけを意味論の最も基本的な理論構成要素とするような形で自然言語の意味論を構築するというのは，あまりにも非現実的であると考えられている．

従来の形式意味論研究では，論理哲学上のモデル理論的意味論の考え方を自然言語に適用することを通じて，自然言語の明示的な意味論を構築することにそれなりに成功したが，その反面，従来のモデル理論の方策における数学的人工物のようなものも，同時に，自然言語の意味論研究の中に招き入れてしまっ

たといえる．このように，従来のモデル理論的意味論の考え方は，自然言語の意味論研究にとって，いわば，「諸刃の剣」であったといえよう．

2.4 状況意味論

状況意味論(Situation Semantics)は，1980年代初めに，数学者のJ. Barwiseと哲学者のJ. Perryによって体系化された新しい意味論であり，その枠組みは，*Situations and Attitudes* (Barwise & Perry 1983, S & Aと略記)の著書の中でまとめられている．この理論は，当初，スタンフォード大学の言語情報研究センター(Center for the Study of Language and Information, CSLI)を中心にして発展したが，今日では，明示的な意味論研究の最も重要な枠組みの一つとして，世界的に知られている．

(a) 言語の情報伝達機能と効率性

言語の外的意義

状況意味論では，言語の中心的な機能は，まずもって，世界についての情報を伝えることにあると考える．BarwiseとPerryは，この言語の働きを**言語の外的意義**(the external significance of language)と呼んでいる．

ある女の子がわれわれに向かって，次のように叫んだとしよう．

(15) 熊がこっちにやってくる．

われわれは，この発話から，熊がわれわれに向かって来るという情報を得ることになる．この情報は，世界の中の一つの事態(state of affairs)を記述しているという点で，外的な意義をもっている．この言語の外的意義という考えは，見かけ上，従来の論理哲学における意味論の基本的な考え——すなわち，文を意味解釈するとはそれが表す内容と世界とのつながりを規定することにある——と関連している．しかし，状況意味論では，文に対する真偽の規定という従来の真理条件的な立場ではなく，その文が，特定の発話の状況で，世界についてどのような情報を伝えているかという情報論的な立場からこの外的意義を捉えていることに注意しなければならない．

情報の優先性

次に，言語の外的意義に関して，重要な点を指摘しておこう．第1に，情報は言語によって伝えられるが，もちろん，情報伝達は言語的手段だけに限られるわけではない．たとえば，さきの発話の情報は，なんらかの合図によっても――それについての取り決めがわれわれの間にあれば――同様に伝えられる．

基本的にいって，情報は，言語の使用自体からは独立している．すなわち，まず，情報があって，それが言語によって伝えられるというように考えねばならない．BarwiseとPerryは，この点を**情報の優先性**(the priority of information)と呼んでいる．

情報の置き違えの誤謬

第2に，発話によって伝えられる情報は，その意味内容の規定自体に直接関わるものだけではない．たとえば，上の例では，その女の子が日本語を話すという情報も得られることになる．しかし，この情報が，(15)の発話の意味内容を規定する上で，その一部であるとは考えないであろう．

一般的にいって，発話から伝えられることになる情報が，すべて，その意味規定の中に含まれるわけではない．BarwiseとPerryは，発話から得られる情報を誤ってその意味内容の規定の中に含めて分析した場合には，それを**情報の置き違えの誤謬**(the fallacy of misplaced information)と呼んでいる．発話からどのような情報が伝えられることになるかという問題は，2.4節(b)で詳しく説明するように，われわれの言語使用を取り巻く様々な要因，すなわち，言語コミュニケーション全般にかかわる制約的機構に依存しているのである．

言語の心的意義

BarwiseとPerryは，言語の情報伝達機能のもう一つの側面として，**言語の心的意義**(the mental significance of language)を挙げている．たとえば，われわれは，さきの発話から，話し手の心の状態についてもそれなりに情報を得ることができる．つまり，話し手は，嘘をつこうとしているのでなければ，熊が向かって来ると思っているのであり，その心の枠組みの中では，このような事態が存在しているのである．したがって，われわれは，この情報から，その女の子のこれからとるであろう行動を予測することもできる（たとえば，ただち

に走りだすといった行為にでるであろう）．

　もしも，彼女が極度の近眼であれば，われわれは，その発話の外的意義にかかわる点については疑いをもつかもしれないが，心的意義にかかわる点は，それでも，変わらない．つまり，その発話が誠実であれば，たとえ，話し手が大きな犬を熊だと見まちがえたとしても，「話し手は熊が向かって来ると思っている」という情報が得られることには変わりがない．

外的意義の優先性

　言語の外的意義と心的意義という二つの側面は互いに密接に関連している．そして，両者の関係をどのように理論的に位置づけるかによって，自然言語の意味論の枠組みの基本的性格が特徴づけられることになる．

　状況意味論では，基本的な主張として，**外的意義の優先性**(the priority of external significance)の立場をとる．つまり，状況意味論では，言語の外的意義を規定するのにどのみち必要な形式的な装置を統一的に用いることによって，心的意義にかかわる側面も規定する．そこでは，心的意義を説明するために，特別の形式的装置を用いるわけではない．Ｓ＆Ａの中では，このような立場から，従来の命題態度の問題が詳細に分析されている．

自然言語の効率性

　次に，言語の情報伝達機能の観点から，2.3 節(b)の中で指摘した自然言語の効率性という特質について，再び考えてみる．具体例として，次のような二人の人物の間の会話を想定してみよう．

(**16**)　　a.　(A → B)僕が正しくて，君がまちがっている．
　　　　　b.　(B → A)僕が正しくて，君がまちがっている．

　ＡとＢは同一の形式の文を発話しているのにもかかわらず，その内容はまったく異なっている．(16a)の発話は「Ａが正しくて，Ｂがまちがっている」と解釈されるのに対して，(16b)の発話は，逆に，「Ｂが正しくて，Ａがまちがっている」と解釈される．これらの発話は，世界の有りようについて異なる主張をしており，異なる事態を記述している．

　自然言語で用いられる文は，基本的にいって，同一の形式の文であっても，それが発話される状況に応じて異なる内容を表す．この自然言語の特質は，2.3

節(b)の中でも指摘したように，自然言語が記号体系として不完全であるということを示しているのではなくて，むしろ，それが情報伝達において効率的な体系であることを示している．われわれは，文を発話する際には，われわれが置かれている発話状況の中で利用可能な点については言及することなしに，それらをそのまま利用しているのである．状況意味論では，この自然言語の効率性をその理論自体の中で取り込み，このような（発話のコンテクストに依存した）効率的な言語表現そのものを，なんら還元することなしに，分析の直接の対象として扱っている．

　以上では，言語の外的意義に関して，言語形式の効率性（コンテクスト依存性）を問題にしてきたが，この点は，言語の心的意義にかかわる側面についても基本的にいえることである．たとえば，(16)の例を再び考えると，A, Bは，いずれも，「自分が正しくて，相手がまちがっている」と思っているのである．つまり，心の状態という心的対象にも，発話状況に本質的に依存する（話し手，聞き手という）パラメータが関与している．したがって，言語の外的意義にかかわる意味対象と，言語の心的意義にかかわる意味対象は——少なくとも効率性という本質に関して——異なる形式的対象であるとはいえない．

(b)　意味の関係理論

　状況意味論では，意味論の課題は，文の真理条件の規定自体にあるのではなく，（特定の発話状況で）その文によってどのような情報がどのようにして伝わることになるかという**情報の伝播**(flow of information)についての一般的な仕組みを明らかにすることにある．明示的な意味論の一つである以上，状況意味論でも，文の真理条件は明確に定義されるが，状況意味論では，従来の真理条件の規定は意味論の課題の中での，もはや，二次的なものであるにすぎない．そして，情報の伝播は，なにも，言語行為に限られるわけではないから，状況意味論では，その理論の射程は言語的意味だけではなく，意味一般に及んでいる．逆にいえば，従来の言語的意味は，意味の一般的理論の中に位置づけられることになる．

状　　況

　状況意味論では，意味論を構築するうえでの基本的な要素として，可能世界

ではなく，**状況**(situation)という対象が導入される．状況は，一言でいえば，世界(リアリティ)の中の部分としての実在である．状況は，可能世界とは基本的に異なり，部分的な意味対象である点に注意しなければならない．さらに，状況意味論では，世界については，実在論的立場に立っている点にも注意しなければならない(この点を明確化するために，ここでは，たんに「世界」と言わずに，「世界(リアリティ)」と言っている)．形式的には，状況は，個体，属性，関係などの対象と同じく，意味論を構築する上での基本的な存在体であり，また，通常の個体と同じく，それ自体が属性をもち，他の対象との間で関係をもつことになる．

　われわれは，このような実在としての状況に絶えず取り囲まれて生活し，それらから有意味な情報を引き出し，われわれの様々な認知活動を営んでいる．もちろん，人間だけではなく，すべての生体が同一のリアリティの中で存在し，その生体特有の活動に応じた形で，環境との相互作用に基づき，その生体にとって有意味な情報を引き出している．状況意味論の意味一般に対する見方には，このような**生態学的実在論**(Ecological Realism)の考え方がその基底にある(この考え方については，Gibson(1979)を参照)．

状況のタイプ

　生体は，同一の世界の中で存在しているが，そこから情報を引き出す上で，混質的なこの世界をその生体特有の実に様々な仕方で分化している．そして，世界の部分としての実在である状況は，その生体に特有な仕方で個別化されるとともに，それ特有の仕方で分類されることになる．

　一般的にいって，生体の認知活動において実際に重要となるのは，個々の状況それ自体ではなく，このように分類された「状況のタイプ」である．仮に，生体が個々の状況自体に基づいて活動するとしたら，個々の状況の現れは，それぞれ，特有であり，瞬時的なものであるから，その生体にとって有意味な活動が保証されないことになり，また，次々と新たに直面することになる同じタイプの状況に対しても首尾一貫した形では対処できなくなる．たとえば，われわれが車を運転していて赤信号で停止する場合を考えてみよう．個々の赤信号での停止は，それぞれ，特有な状況に相当するが，われわれは，これらの個別的な状況を同じタイプの状況であると認識し，それらに対して一貫した形で対

処することになるのである．

斉一性

　状況意味論では，個々の状況にわたって現れ，それらの間で共有されている点を一般的に**斉一性**(uniformity)と呼んでいる．したがって，個々の状況は，これらの斉一性に基づき分類され，その「タイプ」が規定されることになる．ここで，それぞれの生体は，それ独自の仕方で，個々の状況を分類していることに注意しなければならない．当然のことながら，ある生体にとって識別される斉一性であっても，別の生体にとっては，まったく識別されないことになる．われわれ人間は，他の（地球上の）生物と比べて，きわめて抽象度の高い斉一性を識別すると想定されるが，もちろん，われわれには識別されない様々な点が見出される（たとえば，S & A の中の例を一つ挙げると，ウミガメが何千マイルも離れてもとの生まれたところに戻ってくる習性を考えてみればよい）．

　自然言語の意味論に関して想定される基本的な斉一性としては，まずもって，従来の個体，時空位置，属性，関係などの概念が考えられよう（われわれの意味論が何を分析の対象にするかに応じて，もっと抽象的な斉一性を想定することが当然必要になってくる）．状況はこれらの斉一性に基づき分類されることになるが，単純化していえば，状況は，おおむね，その状況の中で成立している事態の集合によって表され，それぞれの事態は，典型的には，「ある時空位置において個体の間である関係が成り立つ（ないしは，成り立たない）」ことによって示される．

意味の関係理論

　それでは，状況意味論の最も基本的な考えである，**意味の関係理論**(Relation Theory of Meaning)について，S & A の中の有名な例を使って説明しよう．

(**17**)　Smoke means fire.
(**18**)　Kissing means touching.
(**19**)　The ringing bell means class is over.
(**20**)　*Cookie* means cookie.

　まず，(17)の例を考えてみる．われわれは，煙が出ている場面を見て，そこから（何かが）燃えているという情報を引き出すことができる．このことが可能

であるのは，「煙が出ている」，「(何かが)燃えている」という二つのタイプの状況の間に自然法則に基づく制約的な関係があり，われわれがこの制約に同調していることに依る．ここで，**同調**(attune)という特別の用語を使っている理由は，一般的にいって，生体がある制約に同調しているからといっても，必ずしも，生体がその制約を明確に認識しているとはかぎらないからである．世界の中で，実際に，このような制約的関係が存在していても，生体がその制約に同調していなければ，その生体は，われわれと同一の世界(リアリティ)を共有していても，われわれと同じように情報を引き出すことはできない．

次に，(18)の例を考えてみる．われわれは，たとえば，「メアリーがビルにキスした」ということから，「メアリーがビルの体の部分に触れた」という情報を導き出すことができる．「キスする」，「触れる」という(関係的な概念としての)斉一性によって，われわれが，それぞれ，状況を分類する場合には，一般的に，前者によって分類されるタイプの状況と，後者によって分類されるタイプの状況との間には制約的関係があることになる．つまり，われわれにとって，「キスする」という関係は，「触れる」という関係よりも，状況を分類する上で，よりきめ細かい斉一性であるということである．この例では，(われわれが認識する概念としての)属性や関係の間で一般的に成り立つ制約的事実が関与している．

次に，(19)の例を考えてみる．学校でベルが鳴ると，通常，授業が終わる合図となる．生徒たちは両者の間に一貫した関係があることを知るようになり，ベルが鳴ったことから，授業が終わるという情報を引き出す．「ベルが鳴った」という個別的な状況は，それぞれ，異なる授業の際に見られることであるが，彼らは，それらの場面に共通するタイプの状況と「授業が終わる」というタイプの状況との間に制約的な関係を認めているのである．この制約的関係は，明らかに，社会慣習的な性質のものであり，(17)の例のように，自然法則に基づく制約でもなければ，(18)の例のように，われわれが状況を分類して認識する上での一般的な制約的事実にもかかわっていない．実際，この慣習的な制約は容易に破られる．たとえば，ベルが故障していたり，たとえ，ベルが鳴ったとしても，担当の教師がなんらかの理由で授業を続けるかもしれない．その場合には，生徒たちは，この慣習的制約に同調しているために，誤った情報を引き出すことになる．情報の伝播の機構を問題にする際には，たんに，正しい情報

だけではなく，誤った情報も対象になる．誤った情報も，組織立った仕方で得られる情報であることには変わりがない．

最後に，(20)の例を考えてみる．こどもは，母親が「クッキー」と言うのを聞いて，クッキーがその場にあることを知る．一般的にいって，発話行為に関わる側面も一つの状況であることには変わりがない．この例では，「クッキー」という単語(の現れ)がその発話状況に結びついて識別される斉一性として考えられる．つまり，こどもは「クッキー」という発話を様々な時に耳にするであろうが，これらの発話にかかわる状況は，「クッキー」という単語(の現れ)によって分類され，そのタイプが特徴づけられることになる．そして，こどもは，この状況のタイプに対して，一貫した形で，「クッキーがある」という状況のタイプが関係づけられていることを知るようになり，母親の発話からさきの情報を引き出すことになる．言語の使用は慣習的なものであり，「クッキー」という言葉でもってクッキーを指すことには必然性はない．したがって，慣習的制約一般の性質として，この例でも，こどもが，その制約的関係にすでに同調しているならば，誤った情報を引き出す場合が生じる．たとえば，クッキーでないものを「クッキーだよ」と言って，その子をだますこともできるのである．

以上の例で共通してみられるように，一般的にいって，ある状況のタイプ S が別の状況のタイプ S' を意味する場合には，S と S' の間には組織立った関係 M が存在する．そして，われわれは，この制約的関係 M に同調していることに基づき，S から S' についての情報を引き出すことができる．この点は，情報の伝播の一般的な仕組みを示しているとともに，状況意味論の「意味」に対する基本的な見方でもある．すなわち，一言でいえば，次のように表される．

意味とは，状況のタイプの間の制約的関係である．

この意味に対する見方は，「意味の関係理論」と呼ばれている．

意味の関係的規定

状況意味論では，意味を関係(relation)として捉えており，この点で，従来の関数(function)的な捉え方とは根本的に異なっている．意味を関係的に捉えることは，情報の伝播の機構を考える際に，きわめて重要な点である．

単純な運動の方程式を例にして，意味を関係的に捉えることの重要性を説明しよう．われわれが時刻 t_0 に出発したとすると，われわれが時刻 t までに移動

した距離 d は，その間の平均速度を v とすると，次の式で与えられる．

(21) $\quad d = v(t-t_0)$

(21)の方程式を解釈する際には，この式は，左辺の d の値を右辺の v, t, t_0 のパラメータの値から得るために使われると考えるのは明らかにまちがっている．この式は，t, t_0, v, d の四つのパラメータを互いに関係づけているのであって，d の値を得るためにだけ使われるのではない．四つのパラメータの中の三つの値が与えられれば，残りのパラメータの値が，(21)の式が意味する関係に基づき，得られるということである．

さらに，われわれが四つの中の二つのパラメータについてだけしか，正確な値がわかっていない——完全な情報をもっていない——場合でも，残りのパラメータの正確な値はわからないが，それらについての部分的な情報は得られることになる．たとえば，移動距離 d と平均速度 v の値だけしかわかっていない場合でも，われわれがこれまでどれだけの時間移動したか——すなわち，$t-t_0$ の値——はわかるのである．

さらにまた，これらのパラメータについての情報がいずれも部分的であったとしても，場合によっては，それらの部分的な情報を合わせることによって，これらのパラメータの値について完全な情報が得られることがある．たとえば，われわれが，これまでに移動した時間が2時間であることを知っていて，そして，現在の時刻は正午すぎではないことはわかっており，さらに，午前10時前には出発しなかったことを覚えている場合には，これらの部分的な情報に基づき，(21)の関係から，現在の時刻(t の値)が正午であり，われわれが出発した時刻(t_0 の値)が午前10時であるという完全な情報が得られることになる．

言語的意味の規定

次に，言語的意味が，この一般的な意味に対する見方に基づき，どのように規定されることになるか，簡単に説明しよう．具体例としては，次の文を考えてみる．

(22) I am sitting.

(22)の文は，それが発話される状況に応じて，異なる事態を表すことになるが，これらの事態は同じタイプの状況を記述している．一般的にいって，文の意味は，それぞれの**発話状況**(utterance situation)と，その文がそれらの発話

状況で記述している状況——**記述状況**(described situation)と呼ばれる——との間で成り立つ制約的関係として規定される．一般的に，文 ψ の意味を $\|\psi\|$ で示すと，この関係は次のような形で表される（ここで，u, v は，それぞれ，発話状況，記述状況に対応する状況のタイプを示している）．

  (23)　$u \| \psi \| v$

(22)の例では，(23)の関係は，おおむね，次のように定式化される．

  (24)　$u \| I\ am\ sitting \| v$ という関係が成り立つのは，次のような時空位置 l, 個体 a が存在する場合である.
   (1) 状況 u において，「時空位置 l で，個体 a が "I am sitting" という表現を発話している」という事態が成り立つ.
   (2) 状況 v において，「時空位置 l で，個体 a が座っている」という事態が成り立つ.

つまり，(22)の文の意味は，「時空位置 l で，個体 a が "I am sitting" という表現を発話している」という事態によって分類されるタイプの状況と，「時空位置 l で，個体 a が座っている」という事態によって分類されるタイプの状況との間の関係として規定される．個々の発話の状況で，(22)の文が表す内容は，この一般的な関係において，時空位置 l および個体 a に対して特定の値を与えた場合にすぎない（l, a は，特定の値をもつのではなく，パラメータである点に注意）．

　以上の一般的な言語的意味の規定に関連して，重要な点を指摘しておく．第1に，状況意味論では，すでに述べたように，従来の真理条件の規定は二次的な意味論の課題にすぎないが，明示的に規定されることには変わりがない．この点は，状況意味論が明示的な意味論の一つであるからには，当然のことである．まず，すでに明らかなように，自然言語では，文の真偽は，言語形式としての文それ自体に対してではなく，特定の発話の場面でその文が記述する内容に対して規定される．そして，一般的にいって，その記述内容が真であるならば，現実の状況の中で，以上の言語的意味規定を満足するような記述状況が実際に存在することになる．たとえば，(22)の文に対する(24)の規定に基づけば，そのような現実の状況が存在するとは，(24)の(1),(2)の中で挙げた条件を満たすような形で，時空位置 l, 個体 a に対して現実の対象が与えられることにほかならない．

第2に，(23)の形式で規定しているのは，たんに，その文が発話される状況が与えられた場合に，その文が記述する内容がどのようにして得られるかということではない．そこでは，ψ, u, v の間の関係が規定されているのである．したがって，この意味的関係に基づき，記述状況についての情報から，逆に，対応する発話状況に関する情報を引き出す場合もあるのである．（読者は，練習問題として，このような仕方で情報が実際に伝播する具体例を考えてみるのがよかろう．）

第3に，状況意味論では，文の，いわゆる「指示対象」(denotation)に対応するのは，従来の真理条件的意味論とは基本的に異なり，真理値ではなく，その文が記述する状況であることになる．したがって，異なる文が，互いに，従来の論理的観点では等値の内容を表すと考えられる場合でも，それらが異なる状況を記述している以上，それらの内容は同じとはならない．このようにして，2.3節(b)の中で指摘した，従来の論理的意味論における命題態度にかかわる問題は，自然に解消されることになる．

状況理論

以上では，状況意味論の最も基本的な考えを説明したにすぎない．また，状況意味論の数学的基盤としての**状況理論**(Situation Theory)については，なにもふれてはいない．状況理論は，たんに，明示的な意味論の数学的基盤の一つであるだけではなく，その理論の射程は，数学の基礎理論での（公理的）集合論にかかわる深遠な問題にまで及んでいる（状況理論については，白井(1991)の第5章の解説を参照）．

2.5 動的意味論

動的意味論(Dynamic Semantics)という新しい意味論の枠組みは，論理的手法に基づく意味論研究のヨーロッパでの中心であるアムステルダム大学の研究者達によって開発された．1990年代初頭に，J. Groenendijk と M. Stokhof が**動的述語論理**(Dynamic Predicate Logic)と呼ぶ枠組みを提起し，また，それと並行して，F. Veltman が**アップデート意味論**(Update Semantics)と呼ぶ枠組みを提起したが，両者は，その後，発展的に一つになって，現在では「動

的意味論」という名で呼ばれている．この理論は，状況意味論および談話表示理論と並んで，今日の明示的な意味論研究で中心的な役割を担っている．

（a） 動的意味論の基本的考え

静的意味論と動的意味論

　動的意味論の考え方を説明するうえで，まず，従来の静的な意味論と動的意味論との基本的な違いについて，まとめておこう．従来の**静的意味論**(static semantics)の考え方の要点は，次のように整理される．

　　文の意味は，その**真理条件的内容**(truth-conditional content)に相当する．

この言明は，モデル理論的意味論の方策に基づけば，次のように形式化される．意味論を定義するうえで，一般的に，M をモデル，i を M で規定される指標とすると，文 ϕ のモデル M における意味とは，ϕ が M で真となる指標の集合に対応する．指標として何を対象にするかは，その意味論の枠組みが何を問題にするかに依存している．たとえば，従来の述語論理にモデル理論的意味解釈を与える場合には，指標として，変項に対して値を割り当てる**付値関数**(assignment of values to variables)が問題になる．可能世界意味論に準拠する場合には，指標として，可能世界が導入され，この場合には，さきの言明は，「文 ϕ の意味とは，ϕ が（モデル M において）真となる可能世界の集合に対応する」という従来の考え方に合致することになる(2.2 節(b)で説明した命題の規定を参照)．

　他方，動的意味論の意味に対する基本的な考えは，次のようにまとめられる．

　　文の意味は，その文が発話されることによって，以前の**情報態**(information state)がどのような情報態に「アップデート」(変換)されるかという観点から規定される．

つまり，動的意味論では，（モデル M に関する）文 ϕ の意味とは，（M において）ϕ と結びつけられる，情報態の間の**アップデート関数**(update function)に相当する．

情　報　態

　「情報態」という概念は，一般的に，世界の有りようについての「可能性」(possibility)の集合として規定される．つまり，話し手が，情報態 s の要素で

2.5 動的意味論

あるそれぞれの可能性について、それが世界の有りようとして（その発話の時点では）可能であると想定しているならば、情報態 s は、話し手の（その発話の時点でもつ）情報に相当することになる．これまでに何度も述べているように、われわれが世界についてもつ情報は部分的であるにすぎない．そして、われわれの言語行為は、このような部分的な情報に基づき進められていく．したがって、われわれは、いずれの発話の時点でも、世界の有りようについて完全にわかっているのではなく、不明である点については、（世界の有りようとして）未だに「排除されてはいない」と想定しているにすぎない．そして、談話が進んでいく過程で、われわれのもつ情報が増大するのに伴い、これらの暫定的な可能性は、漸次的に排除されていくことになる．

動的意味論では、情報論的観点から意味を考えているが、情報は、形式的には、上で述べたモデル理論的解釈における指標についての情報として規定される．I を（そのモデルにおける）すべての指標から成る集合とすると、情報態は、一般的に、I の部分集合である指標の集合として形式化される．したがって、（そのモデルにおける）すべての情報態から成る集合を S で示すと、$S = \mathcal{P}(I)$ となる．ここで、$\mathcal{P}$ の記号は従来の「べき集合」(power set) を表す．（一般的にいって、集合 A のべき集合 $\mathcal{P}(A)$ とは、A のすべての部分集合から成る集合である．）

情報態 s, s' について、$s' \subset s$ であるならば、s' は、s よりも、世界の有りようについてより多くの情報を有していることになる．つまり、s' では、s に対応する指標の中のあるものが世界の有りようの可能性としてすでに排除されている．そのモデルにおける最小 (minimal) の情報態とは、集合 I に相当し、そこでは、世界の有りようの可能性として、いかなる指標も排除されてはいない．最大 (maximal) の情報態とは、一般的に、単位集合 $\{i\}$ $(i \in I)$ で表される（単位集合 (unit set) とは一つの要素しかもたない集合である）．そこでは、世界の有りようとして、指標 i に対応するものしか可能ではない．また、情報態 s に対応するいかなる指標も存在しない場合には、すなわち、$s = \emptyset$ ならば、その情報態は、情報的に無意味な状態、いわば "the absurd information state" に相当する．

アップデート関数

情報態の間のアップデート（変換）は，情報態の集合から情報態の集合への関数として規定される．動的意味論では，文の意味は，このようなアップデート関数として解釈される．一般的にいって，談話の中で文 ϕ が発話されると，それ以前の情報態 s は，ϕ に結びつけられるアップデート関数によって，情報態 s' に写像されることになる．つまり，文 ϕ に対してアップデート関数 τ が結びつけられるとすると，$s' = \tau(s)$ となる．以下では，便宜上，文 ϕ に結びつけられるアップデート関数を $[\phi]$ で表記する．そして，情報態 s がアップデート関数 $[\phi]$ によって情報態 s' に写像されたとすると，この過程を $s' = s[\phi]$ で表すことにする．一般的には，情報態 s は，無意味ではない情報態に変換されるとはかぎらない．つまり，場合によっては，$s[\phi] = \varnothing$ となることが生じる．そうでない場合には，そのアップデートは，（情報態 s について）「有意味」であると呼ぶことにする．

以上の考え方に基づき，動的意味論では，情報態が談話の流れの中で動的に変化していく過程が分析され，それを通じて，自然言語の発話のもつ動的な側面が捉えられることになる．

(b) 動的述語論理とアップデート意味論

それでは，動的意味論の具体例として，動的述語論理とアップデート意味論の概要を述べる．ただし，以下では，それぞれの論理体系の形式的規定についてはできるだけ立ち入らずに，これらの動的意味論の枠組みが，従来の論理体系に比べて，自然言語の意味論としてどのような利点を備えているかについて説明する．（それぞれの枠組みの詳細については，Groenendijk & Stokhof (1991), Veltman (1991) を，また，これら二つの枠組みが発展的に一つになった現在の動的意味論の枠組みについては，Groenendijk et al. (1996) を参照されたい．）

代名詞の照応の論理分析

動的述語論理では，情報として，変項に対する値についての情報を問題にしている．この枠組みの当初の目的は，自然言語（英語）における代名詞の照応 (anaphora) の現象を分析することにあり，代名詞の論理分析では，変項に対す

2.5 動的意味論

る値割り当てが基本的に問題となる．とりわけ，従来は十分な分析が与えられていなかった，文を越えた照応や，いわゆる，**ロバ文**†についての照応を適切に扱うことを動機としている．

それでは，これらの照応が動的述語論理の枠組みではどのように分析されるか，例を挙げて説明しよう．

(25) a. A man walks into the park. He whistles.
   b. $\exists x[\text{man}'(x)\ \&\ \text{walk-into-the-park}'(x)\ \&\ \text{whistle}'(x)]$
   c. $\exists x[\text{man}'(x)\ \&\ \text{walk-into-the-park}'(x)]\ \&\ \text{whistle}'(x)$

(26) a. If a farmer owns a donkey, he beats it.
   b. $\forall x \forall y[[\text{farmer}'(x)\ \&\ \text{donkey}'(y)\ \&\ \text{own}'(x,y)] \rightarrow \text{beat}'(x,y)]$
   c. $\exists x[\text{farmer}'(x)\ \&\ \exists y[\text{donkey}'(y)\ \&\ \text{own}'(x,y)]] \rightarrow \text{beat}'(x,y)$

(25a)の英文は，文を越えた照応の簡単な例であり，ここでは，2番目の文の中の代名詞 "he" が 1 番目の文の中の "a man" という名詞句を先行詞にする場合を問題にしている．(26a)の英文は，従来の典型的なロバ文の例である．

従来の述語論理に基づけば，(25a), (26a) の表す内容は，それぞれ，(25b), (26b) の論理式で示される．(25b)では，存在量化子が(25a)の全文の内容にわたる変項 x を束縛することによって，文を越えた照応の現象が論理的に形式化されている．また，従来よく知られているように，ロバ文では，直感的にいって，英語の不定名詞句が普遍量化子に対応するように解釈される．つまり，(26a)の文は，ロバを所有しているどの農夫も，その飼っているどのロバもなぐるというように解釈される．

一方，動的述語論理では，これらの英文の論理構造は，それぞれ，(25c), (26c)のように表されることになる．(25c), (26c)のような形式は，従来の述語論理では適格(well-formed)な式ではなく，それらに対して解釈を与えることができない．つまり，(25c)では，右端の変項 x はなんら束縛されてはいないし，(26c)でも，同様に，右端の変項 x, y はいずれも束縛されてはいない．ところが，動的述語論理の新しい述語論理の体系では，これらの式も，動的述語論理の動的な意味解釈の機構に基づくと，適切な解釈を与えることが可能になる．さらに，動的述語論理では，(c)の論理式は，従来の述語論理に基づく(b)の論理式に対する解釈と同じように解釈されることになる．このことを説明するためには，ある程度，動的述語論理の形式的体系について立ち入らねばならない．

(以下の説明は，できるだけ論理学上の予備知識を前提にしないように配慮しているが，厳密には，従来の述語論理の意味論についての理解が必要になろう．この点は，論理学の入門書で補っていただきたい．)

動的述語論理の体系

動的述語論理では，指標としては，変項に対する付値関数が考えられており，すでに述べたように，情報態 s は，一般的に，指標の集合として形式化される．つまり，情報態 s は，一般的に，付値関数の集合として形式化される．モデル M は，次のように定義される．

(27)　　$M = \langle D, F \rangle$

ここで，D はモデル M の個体領域を示す．また，F は，そのモデルの解釈関数を示す．つまり，F は，動的述語論理の(非論理)定項について，(そのモデルにおける)指示対象を規定する働きをする．たとえば，$donkey'$ という(1項)述語の指示対象は，(そのモデルにおいて)ロバである個体の集合に当たるが，それは，$F(donkey')$ で与えられる．また，$beat'$ という(2項)述語の指示対象は，(そのモデルにおいて)前者が後者をなぐるという関係が成り立つ二つの個体の順序対(ordered pair)から成る集合に当たるが，それは，$F(beat')$ で与えられる．

以上の定義に基づき，動的述語論理の意味規則は，次のように規定される(ただし，ここでは，さきの例の説明にかかわる規則だけを挙げている)．

(28)　　a.　$s[Rx_1 \cdots x_n] = \{i \in s \mid \langle i(x_1), \cdots, i(x_n) \rangle \in F(R)\}$
　　　　b.　$s[\phi \& \psi] = s[\phi][\psi]$
　　　　c.　$s[\exists x \phi] = s[x][\phi]$．ただし，$s[x] = \{j \mid \exists i \in s \; \exists d \in D : i[x/d] = j\}$

一般的に，R を n 項述語(n-place predicate)，その項を $x_1, \cdots, x_n$ とすると，$Rx_1 \cdots x_n$ で表される式は n 個の項 $x_1, \cdots, x_n$ の間に R の関係が成り立つことを示す．また，$[Rx_1 \cdots x_n]$ は，式 $Rx_1 \cdots x_n$ に結びつけられるアップデート関数を示す．(28a)の定義は，情報態 s がこの関数によってどのような情報態 s' に写像されるかを規定している．この右辺の集合論の表記は，情報態 s に対応する指標の中で，$\langle i(x_1), \cdots, i(x_n) \rangle \in F(R)$ を満たす指標 i から成る集合を表す．ここで，$i(x_i)$ の表記は，付値関数 i による変項 x_i の値を示している．また，上で述べたように，$F(R)$ は，述語 R の指示対象，すなわち，n 組の順序対から

成る集合を示す．たとえば，2項述語である $beat'$ を考えると，ジョン(j)とメアリー(m)との間にその述語が表す関係が成り立つとは，$\langle j, m \rangle$ が(順序対の)集合 $F(beat')$ の要素であることにほかならない(すなわち，$\langle j, m \rangle \in F(beat')$)．

(28b)は，従来の連言の解釈に関する動的述語論理での定義である．情報態 s が式 $\phi \& \psi$ によってアップデートされる過程は，s が，まず，$[\phi]$ によって変換され，次に，その結果である $s[\phi]$ が $[\psi]$ によって変換されるという複合操作に基づき規定される．ここで，$[\phi], [\psi]$ は，それぞれ，式 ϕ, ψ に結びつけられるアップデート関数を示す．これらの関数を簡単に f, g で表し，関数の複合を $\circ$ の記号で表すと，以上の二つのアップデートの操作は，一つの複合関数 $f \circ g$ による操作と同等である．つまり，一般的に，$[\phi \& \psi] = [\phi] \circ [\psi]$ となる．

(28c)の定義は，存在量化の式に関する動的述語論理での解釈を示す．動的述語論理の量化の取り扱いでは，$\exists x \phi$ の式の解釈は，従来の述語論理のように，式全体として規定されるのではなく，その式の漸次的構成に応じる形で定義される．つまり，情報態 s が式 $\exists x \phi$ によってアップデートされる過程は，s を，まず，$[x]$ の操作で変換し，その結果である $s[x]$ を，さらに，$[\phi]$ によって変換するという複合操作に基づき規定される．つまり，さきの関数の複合の記号を用いると，$[\exists x \phi] = [x] \circ [\phi]$ となる．$i[x/d]$ で表される付値関数は，変項 x に対して値 d を割り当てる以外は，(その他の変項について)i と同じ割り当てをする付値関数を示す．したがって，$i[x/d] = j$ であるとは，二つの付値関数 i, j が，変項 x に対して割り当てる値についてのみ互いに異なりうる付値関数であることを示す(ただし，$i = j$ であってもかまわない)．すでに述べたように，動的述語論理では，情報態は，一般的に，変項に対する付値関数の集合として規定される．そして，i が情報態 s の要素である付値関数であり($i \in s$)，j が変項 x に対して $d(\in D)$ を割り当てる以外は i と同じ割り当てをする付値関数であるとすると($i[x/d] = j$)，情報態 s は，$[x]$ によって，このような付値関数 j から成る集合である情報態 s' に変換されることになる．つまり，情報態 s が $[x]$ によって変換されると，これまでの変項 x の値についての情報が，いわば，暫定的に「忘れられる」ことになる．

以上の規定によると，一般的にいって，動的述語論理の体系では，従来の述語論理とは異なり，次の関係が成り立つことになる．(ただし，ここでは，様相述語論理(modal predicate logic)までは考えてはいない．ちなみに，述語論理

78　2　論理的アプローチ

を様相論理にまで拡張した最近の Groenendijk et al.(1996) の枠組みでは，さきの (28c) の規定は修正されるとともに，以下の関係も一般的には成立しないことになる．)

(29)　　$\exists x \phi \,\&\, \psi = \exists x(\phi \,\&\, \psi)$

(30)　　$\exists x \phi \to \psi = \forall x(\phi \to \psi)$

　次に，動的述語論理の体系では，なぜ，(29) の関係が成り立つかについて簡単に説明しておこう ((30) に関しては，普遍量化子を存在量化子と否定によって定義することに基づき得られることになるが，その詳細は省略する). まず，(29) の左辺の解釈，すなわち $[\exists x \phi \,\&\, \psi]$ は，(28b) の規定により，$[\exists x \phi]$ と $[\psi]$ という二つの変換に相当している．つまり，$[\exists x \phi \,\&\, \psi] = [\exists x \phi] \circ [\psi]$ である．さらに，(28c) の規定によれば，$[\exists x \phi] = [x] \circ [\phi]$ である．したがって，$[\exists x \phi \,\&\, \psi] = ([x] \circ [\phi]) \circ [\psi]$ となる．ところが，関数の複合の演算子については，「結合律」(associativity) が成り立つ．つまり，一般的に，関数 f, g, h について，$(f \circ g) \circ h = f \circ (g \circ h)$ である．したがって，$([x] \circ [\phi]) \circ [\psi] = [x] \circ ([\phi] \circ [\psi])$ である．ところが，(28b), (28c) の規定によれば，$[\exists x(\phi \,\&\, \psi)] = [x] \circ ([\phi] \circ [\psi])$ となる．したがって，動的述語論理では，(29) が成り立つことになる．

　動的述語論理と従来の述語論理の基本的な相違は，表層の文の統語構造とその論理構造との間の対応の仕方にかかわっている．一般的にいって，自然言語の論理分析では，措定される論理構造は，たんに，対応する文の意味内容を適切に表しているだけではなくて，両者が組織だった仕方で関連づけられていなければならない (2.2 節 (c) での Montague の英語の名詞句の論理分析を参照)．ここでは，文を越えた照応やロバ文を問題にしているが，従来の述語論理に基づく分析では，想定されている論理構造と，対応する英文の表層の統語構造との間には，重大な不一致がみられる．たとえば，(25a) の 2 番目の文自体の中には，変項 x を束縛する働きをする存在量化子に相当する言語表現は直接には見い出されない．また，ロバ文の場合には，その中に生起する不定名詞句は，なぜか，通常の場合とは異なり，普遍量化子に関連づけられて解釈されている．

　一方，動的述語論理の論理分析では，これらの文は，表層の統語構造と忠実に対応する形で，論理構造が規定されている．つまり，(25c), (26c) では，それぞれ，(25a), (26a) の英文が統語的に構成される仕方に対応して，その論理構造も規定されている．つまり，意味論と統語論の間に仮定される，いわゆる，

意味の**構成性原理**(Principle of Compositionality)が保持できるように，論理構造が規定される．

様相概念の論理分析

最後に，アップデート意味論についても，その言語学的意義を，きわめて簡単ではあるが，説明しておこう．アップデート意味論は，情報論的立場に立脚した，動的な様相論理の体系として位置づけられる．従来の(静的な)真理条件的意味論に立脚する様相論理の体系では，様相概念に対して想定される演算子は，たんに，可能世界について解釈されているにすぎない．一方，アップデート意味論では，これらの演算子は，可能世界自体ではなくて，情報態について解釈されることになる．このような動的意味論の立場から，アップデート意味論では，従来の様相論理に基づく自然言語の様相概念の分析の不備が問題にされている．具体例として，次の発話を考えてみよう．

(**31**) a. It might be raining. … It isn't raining.
b. It isn't raining. … It might be raining.

(31a)の発話のように，話し手が初めに「雨が降っているかもしれない」と述べた後で，話し手のもつ情報が増えたことに伴って，「雨が降っていない」と引き続き述べたとしても問題はない．しかし，(31b)の発話は，同一の話者による連続した発話としては不自然である．ここでは，従来の様相論理で，通常，◇の演算子で示す可能様相の分析が問題になっている．

アップデート意味論では，一般的に，◇ϕの形式は，命題ϕが当該の情報態と両立可能であると解釈される．したがって，(31a)では，最初の発話によって，当初の情報態が「雨が降っている」という情報と両立することが表明され，その後，「雨が降っていない」という情報によって刷新されることになる．ところが，(31b)では，当初の情報態は，最初の発話によって，「雨が降っていない」という情報によって刷新されるが，このことが行われた後では，その情報態は，もはや，「雨が降っている」という命題とは両立可能ではなくなる．

アップデート意味論の体系

以上の説明をより形式的に述べると，次のようになる．アップデート意味論に基づく様相命題論理(modal propositional logic)の体系では，指標として，

可能世界が問題にされる．したがって，指標の集合である情報態は，一般的に，可能世界の集合として形式化される．また，モデル M は，$M = \langle W, V \rangle$ で定義される．ここで，W は，(このモデルにおける) すべての可能世界から成る集合であり，V は，(基本的な) 命題に対して，それぞれ，W の部分集合を割り当てる関数である．すなわち，関数 V は，命題 p に対して，(W の中で) p が真となる可能世界の集合 $V(p)$ を割り当てる．そして，アップデート意味論の意味規則は，次のように規定される (ただし，ここでも，上の例の説明にかかわる規則だけを挙げている)．

(**32**) a. $s[p] = s \cap V(p)$
  b. $s[\phi \ \& \ \psi] = s[\phi][\psi]$
  c. $s[\Diamond \phi] = \begin{cases} s & (s[\phi] \neq \varnothing \ \text{の場合}) \\ \varnothing & (\text{それ以外の場合}) \end{cases}$

(32a) の定義は，(基本的な) 命題に関する規定である．情報態 s が命題 p によって情報態 s' にアップデートされたとすると，s' に対応する指標 (可能世界) の集合は，s に対応する指標 (可能世界) の集合と，命題 p が真となる指標 (可能世界) の集合 $V(p)$ との交わりに相当することになる．つまり，情報態 s が命題 p によってアップデートされると，その命題が真とはならない指標 (可能世界) は排除される．(32b) の定義は，連言の複合命題に関する規定であり，動的述語論理の場合と同様に，連言によるアップデートの過程は複合操作として規定される．

(32c) の定義は，従来，$\Diamond \phi$ で表す複合命題に関する規定である．この規定によれば，$\Diamond \phi$ は，命題 ϕ が情報態 s と両立可能であるか否かを，いわば，「テスト」する働きをする．命題 ϕ が情報態 s と両立可能であるとは，情報態 s を命題 ϕ によって有意味にアップデートできるということである．すなわち，情報態 s を命題 ϕ によってアップデートした結果が空集合にならない場合 ($s[\phi] \neq \varnothing$) に相当する．アップデート意味論では，この場合には，$s[\Diamond \phi] = s$ と規定される．つまり，情報態 s が，アップデート関数 $[\Diamond \phi]$ によって，情報態 s' に (有意味に) 変換されるならば，情報態 s' は，以前の情報態 s に一致すると解釈される．もしも，命題 ϕ が情報態 s と両立可能ではない場合には，そのアップデートは有意味ではなく，情報態 s' は，形式上，空集合で示される "the absurd information state" に変換されることになる．

2.5 動的意味論

この事例が示すように,自然言語に関しては,従来の様相論理とは異なり,「交換律」(commutativity)は一般的には成立しない.すなわち,

(33)   ◇φ & ¬φ ≠ ¬φ & ◇φ (¬ は否定を示す)

従来の自然言語の論理分析では,発話の線状的構成にかかわる自然言語の基本的側面が無視されていたのである.動的意味論は,このような発話の漸次的な過程までも論理的に規定できる見通しを示している.

(c)　談話表示理論の最近の展開

最後に,補足として,本章では具体的には取り上げなかった**談話表示理論**(Discourse Representation Theory,DRT)と呼ばれる枠組みについてもふれておこう.2.3節(a)の中で述べているように,談話表示理論は,Montague 以降の形式意味論研究における重要な展開の一つであり,現在の明示的な意味論研究の中で,状況意味論,動的意味論と並んで,中心的な役割を担っている.

談話表示理論の枠組みでは,**談話表示構造**(discourse representation structure,DRS)と呼ばれる表示が想定されている.現在の意味論の発展段階では,自然言語の意味解釈の機構を規定する際に,はたして,中間の表示レベルが,たんなる記述の便宜のためではなく,本質的に必要不可欠であるかどうか,未だに決着はついていない.しかし,この基本的な問題はさておき,談話表示構造という表示は,言語学的にも認知的にも有意義なレベルとして,きわめて興味深い.

さらに,最近,談話表示理論では,大幅な進展がみられる.談話表示理論は,自然言語の談話構造を明示的な意味論の中で取り込む方策を提示したが,その当初の枠組みでは,自然言語の談話(ないしはテキスト)の内部構成については問題にされていなかった.ところが,最近では,その枠組みは,従来の談話表示構造が「分節化談話表示構造」(segmented discourse representation structure,SDRS)と呼ばれる表示へと拡張されることによって,従来の言語学での談話分析,ないしはテキスト分析と,明示的な意味論研究とを統合する橋渡しにもなっている(Asher(1993)を参照).

この新しい展開は,今日の明示的な意味論および語用論研究における注目すべき潮流の一つともなっている.読者は,第7巻第2章を読む際には,以上の点を念頭におかれたらよかろう.また,この流れは,最近の語彙意味論,とり

わけ，Pustejovsky (1995) の「生成語彙」(Generative Lexicon) の理論とも関連している (第 4 章参照)．本章では，本叢書の全体の構成，および紙幅の制限のために，これらの新しい展開については取り上げないことにした．

第 2 章のまとめ

2.1　本章では，自然言語の意味論に対する「論理的アプローチ」ということで，モンタギュー意味論を出発点とする形式意味論研究の展開を今日の視点から説明してきた．このようなアプローチを評価する際には，まずもって，「論理」に対する硬直化した狭い見方に立ってはいけない．

2.2　本章で取り上げた最近の明示的な意味論の枠組みは，従来の論理哲学での意味論とも，また，その出発点となった古典的なモンタギュー意味論とも，自然言語の意味論に対する興味の中心が本質的に変わってきている．そして，それに伴い，論理に対する基本的な見方自体も，そもそも，違ってきている．

2.3　状況意味論の説明の中で明らかなように，このような意味論研究では，情報論的立場に立脚して，われわれの言語使用にかかわる認知的な機構自体が問題にされている．また，動的意味論と呼ばれる論理体系では，同様の立場から，われわれの発話行為におけるダイナミックな仕組みが取り上げられている．

2.4　自然言語は，たしかに，歴史性と社会性を有するきわめて発達した独自の体系であるが，それは，しかるべき情報を伝える記号の体系の一つであることには変わりはない．そして，簡単にいえば，記号のもつこの働きを支えている根幹に在るのが「意味」であるといえよう．このように，自然言語の意味論研究では，意味は，従来の「意味部門」という名の箱の中に閉じ込められるものではない．

3
認知的アプローチ

3 認知的アプローチ

【本章の課題】

　言語学の歴史において，20世紀前半は構造主義言語学に代表される音韻論中心の時代であり，1950年代以降は生成文法による統語論中心の時代であった．その間，音韻や統語についてはそれなりに理解が進んだが，意味の研究は大きくたち遅れ，現在でも意味論は始まったばかりと言ってよい有様である．この遅れの最大の原因は，意味現象が複雑なため，なにをどう研究すればよいかがはっきりしなかったことである．例えば，単語や文の意味が言語学の研究対象であることはすぐ分かるが，比喩的用法や歴史的変化は研究する価値があるのか，またどう研究すべきかはまったく明らかでなかった．

　認知的アプローチは，言語現象を人間の認知過程の反映と考えることで，それまでどう扱うべきか分からなかったメタファー，カテゴリー，意味変化などが，言語研究にとってきわめて重要な意味をもつことを明らかにした．例えば，メタファーは，単なる表現の飾りなどでなく，すでに獲得した知識を用いて，別の対象の理解を容易にする認知方略である．また，われわれが考えるのに使う概念はカテゴリーであるから，カテゴリーについて考えることは，思考について考えることでもある．カテゴリーへの認知的アプローチで得られた結果は，われわれが漠然とカテゴリーについてもっているイメージと相当違ったものであり，これは自分の思考について考えるよい機会になる．

　言語学の目標は，言語の研究を通して人間の思考を解明することであったが，厳密さを求めるあまり，研究対象を研究しやすいものに限定し，そこでしか通用しないような不自然な理論化に走る傾向がある．これに対して，認知的アプローチが目指すのは，人間の情報処理の観点からも自然な説明理論であり，大きな可能性を秘めている．言語学の原点に戻って，こうした理論の可能性を真剣に考えてみることは，言語に対するいかなるタイプのアプローチにとっても有益な洞察をもたらすはずである．

3.1 認知言語学の登場

N. Chomsky 以来，言語学は，言語能力，特に統語論の自律性をかかげ，大きな成果を上げることができた．Chomsky の考えでは，言語能力とは，記憶や注意などの制限を排除した理想状態における，抽象的記号列に対する形式的操作能力であり，世界についての知識や他の一般的認知能力から独立している．

ところが，60年代中頃から生成文法が本格的に意味の現象に取り組み始めるやいなや，選択制限 (selectional restriction) をめぐる問題など，統語論自律の仮定に対して，さまざまな問題点が指摘され始めた．G. Lakoff, J. McCawley, P. Postal らは，統語論の意味論からの独立を否定して，統語現象を意味によって説明しようと企てた．この動きは**生成意味論**と呼ばれ，60年代半ばから70年代半ばまで続いた．ところが，この当時，言語学で使える説明概念は，句構造，派生，変形など，ほとんどすべて統語論のものであった．そこで，生成意味論は，統語論の概念を使って，さまざまな現象の説明を試みたが，じきに不自然な基底構造や荒唐無稽な変形を仮定することが多くなり，短期間の間に消滅した．

この失敗には重要な教訓が含まれていた．意味に対する統語論的アプローチにはおのずから限界があり，意味の説明には新たな概念の構築が必要であるということである．この認識は，統語論全盛時代の終わりと，新たな研究方法模索の時代の始まりを示すものであった．こうした動きの中で，意味研究は，言語哲学では J. L. Austin や J. Searle の言語行為論や P. Grice の共同作業としての対話，認知心理学では E. Rosch のプロトタイプ的カテゴリー，人工知能では M. Minsky のフレームなどを取り入れ，研究対象をさらに広げていく．

ほぼ時を同じくして，言語をモデルに対応させ，言語の形式的性質を研究する**形式意味論**も盛んになる．形式意味論が前提にする客観主義的世界観では，ものや世界は，人間の概念化とは独立した属性や構造をもつ．言語表現はこうした世界のコピーであり，それを使う人間から独立に意味を規定できるとされた．形式意味論は，自然言語の形式的側面についての理解に貢献したが，根底にある言語観は受け入れがたいものであった．

われわれは身体，知覚，思考を使って自分の周りの世界と関わり，世界を理

解し，起こるべきことの予測を立て，行動を調整する．言語は，人間が世界と関わる上での主要な手段の一つであり，そこには，われわれの経験や思考が色濃く反映される．言語表現が表す概念は，われわれの概念化から独立した世界の客観的属性を表すものではなく，世界についてのわれわれの解釈を表すものである．したがって，言語は，世界との直接的対応で説明することはできず，人間の認知作用にもとづいて説明する必要がある．**認知言語学**とは，さまざまに異なりながらも，こうした仮定を共有する言語研究の流れを指す．認知言語学は，ある意味では生成意味論の継続であり，意味こそが言語の基礎であると仮定する点において，生成意味論と多くの共通点をもっている．

　代表的な研究をいくつかあげておく．格文法の創始者でもある Fillmore (1982) は，言語使用に対する構造化された背景的知識の重要性を強調し，**フレーム意味論**を提唱した．Lakoff & Johnson (1980) は，われわれの思考そのものがメタファー的であると考え，メタファーを通じて，自然言語の意味が作り上げられていく過程を研究し，意味は，外的世界の単なるコピーではなく，世界に対する解釈であることを示した．こうした考えは，Lakoff (1987) でさらに発展させられる．Fauconnier (1985, 1997) は，自然言語のダイナミックな意味構築過程に注目し，言語表現を，直接的な真理条件の表示などではなく，むしろメンタル・スペースと呼ばれる局所的情報領域に対する操作指令ととらえることで，きわめて一般性のある言語理解モデルが可能になることを明らかにした（第 7 巻第 2 章参照）．Langacker (1987, 1991) は，言語形式にはすべて対応する意味があるという仮定にもとづき，意味を基底にすえた言語学の構築を企てている．Sweetser (1990) は，多義や歴史的意味変化を研究し，英語 must や may などの助動詞が義務や許可などの基本的意味に加えて，必然性や可能性など認識的意味をもつ現象を，ある領域の表現を別の領域に応用するメタファーとして説明し，モダリティの研究に新局面を開いた．C. Fillmore, P. Kay, A. E. Goldberg らは，われわれが言語と独立にもっているある種の事件スキーマが，文の統語構造やその解釈に影響を与えると考え，構文文法 (construction grammar) という理論を構築している．例えば，自動詞 sneeze が他動詞構造 (He sneezed the napkin off the table.) に現れることができるのは，使役の構文スキーマによって他動詞構造が派生的に許可されるからである (Goldberg 1995)．

3.2 認知言語学の特徴

言語学の説明にもいくつかのタイプがある．理論の形式的簡潔さを重視する立場では，説明に使われる概念と人間の情報処理プロセスとの関連は軽視される．極端な場合，理論が言語データを整合的かつ簡潔に記述できさえすれば，説明概念はどんなものであってもかまわないという立場さえありうる．一方，**認知言語学**では，言語データの記述や説明に使われる概念が，単に整合的な記述を可能にするだけでなく，人間の情報処理の観点からも自然なものであることが要求される．認知言語学は，言語の研究を人間の情報処理の認知プロセスと関連づけて行う言語学である．ここから，いくつかの特徴がでてくる．

(a) 認知プロセスの重視

認知言語学は，言語は認知プロセスに基礎づけられていると仮定し，言語現象の説明をそれに対応する認知プロセスと関係づけて行う．したがって，最終的目標は，言語データに見られる規則性を生み出す認知プロセスを明らかにすることである．こうして，説明の重点は，結果としての言語データの記述から，それを支える内的な処理プロセスの考察へと移る．

言語学は，もともと人間の思考の解明を目指したわけであるが，認知言語学はこの目標に忠実であろうとする．こうした目標がある以上，理論が認知プロセスと矛盾しないことが重要視されるのは当然である．つまり，言語データから規則性や一般性を引き出し，それを論理的に整合的な理論に仕上げるだけでは不十分であり，さらにそうした規則性や一般性が人間の認知作用から見て自然なものでなければならない．

(b) 言語能力の自律性，モデュール性の否定

認知言語学は，生成文法のように，**自律的な言語能力**を仮定しない．言語能力が自律的であるとは，言語のためだけに調整された特別な**認知モデュール**が存在し，そのモデュールは他のモデュールと独立に機能するということである．ところが，言語現象は，単に言語能力だけで実現されているのではなく，知覚，イメージ形成やイメージ操作，推論などのような一般的認知能力に支えられて

いる．言語能力は，もともと他の認知能力と協調的に働くように設計されている．

生成文法では，言語能力を直接反映する事実だけが，研究する価値があるとされ，研究対象は非常に限定されている．これに対して，認知言語学の研究対象は，メタファー，カテゴリー化，文法化などずっと広い．

（c） プロトタイプ的言語理論

ある文が文法的に正しいかどうかの判断にしろ，ある表現の集まりが慣習的な熟語表現であるかの判断にしろ，言語現象は，絶対的な判断でなく，程度問題であることが多い．こうした問題は，満たすか満たさないか二つの値しかとれない**二項対立的カテゴリー**であつかうのは難しい．

認知言語学では，現代の認知心理学の発見に合わせ，二項対立的なカテゴリー観を放棄し，**プロトタイプ的カテゴリー理論**の立場をとる．認知言語学は，語の意味がプロトタイプ的カテゴリーをなすというだけでなく，音素のような音韻カテゴリー，動詞や名詞などの統語カテゴリー，能動文や受身文などの文タイプなどのカテゴリーもすべてプロトタイプ的カテゴリーであると考える（例えば，動詞のプロトタイプは，意志的動作を表す動詞であり，知覚動詞や状態動詞は周辺的な動詞である）．

生成文法では，音韻部門や統語部門は，極めて一般性の高い規則や原則からできている．これに対して，プロトタイプ的カテゴリーを採用する認知言語学は，絶対的規則や例外のない予測という概念を捨て，傾向の記述で満足する．なぜなら，あることを表現する必要がある場合に，通常，そうするやり方は複数あり，一通りには決まらないからである．そこで，理論の重点は，現象の予測から，現象の説明や理解に移る．

（d） 非還元主義

自然言語では，形態素が集まって語となり，語が集まって句となり，句が集まって文となる．統語的合成に対応して，全体の意味が，要素と統語規則から決定できれば理想的である．これを，**構成性原理**(principle of compositionality) と呼ぶ．例えば，形容詞と名詞の統語的結合は，それぞれが表す集合の交わりを表す．また，主語と動詞句の結合は，主語の指示対象が動詞句の指示対象に

含まれることを表す，と考えることで構成性原理に従っていると解釈できる．しかし，他の多くの統語的合成に対しても，構成性原理が成立するかどうかは決して自明ではない．

派生語 woodpecker は三つの要素 (wood + peck + er) からできているが，木をつつくものなら何でも woodpecker になるわけではなく，この語はキツツキに限定される．日本語「キツツキ」にも類似の特殊化が見られる．

複合語 coffee mill は，コーヒーを挽くためのミルであるが，hand mill は手を挽くためのミルでなく，手で使うミルである．また，brick house は煉瓦でできた家であるが，coffee house はコーヒーでできた家ではなく，コーヒーを飲むための店である．結合された名詞同士の関係は多様で，名詞をさらに下位分類しても，その関係を決定する一般的規則が見つけられるとは思えない．

構成性原理に従うかのように見えた形容詞と名詞の結合を再び取り上げてみよう．red pencil は，単純には，外側が赤い鉛筆や芯が赤い鉛筆であろう．しかし，その他にも，芯自体は赤くないがそれに含まれる化学物質が紙と反応して紙の上に赤い印を残す鉛筆，赤いユニフォームを着たチームの行動を記録するための鉛筆，赤い口紅がついて一時的に赤い鉛筆，赤字 (go into the red: 赤字になる) を記載するための鉛筆などさまざまな解釈ができる．green house は，単に外側が緑の家から，台所に緑のリノリウムを張った家，設計図が緑のインクで描かれていた家など，さまざまな家を指せる (Fauconnier & Turner 1994)．もちろん，温室でもよい．形容詞は，ある鉛筆や家を，他の鉛筆や家から区別するための手がかりを与えているが，その手がかりが何であるかは表現していない．ある対象を別の対象から区別する手がかりは多種多様であり，そのすべてを予測することはできない．したがって，形容詞と名詞の結合についてさえ，完全な意味合成規則はない．

Kay (1990) は，単文のレベルを越える語彙の結合が，慣習的意味をもつ例があることを指摘している．例えば，(1) の最初の文には，may があるので，可能モダリティの解釈 (「彼は教授である可能性がある」) があると予測されるが，可能モダリティの解釈はなく，彼が教授であることは事実として述べられている．(1) は，譲歩的意味 (「彼は確かに教授であるが，大馬鹿である」) をもつが，この解釈は may ... but の組み合わせによって決定されるのであり，may と but のそれぞれの意味からだけでは予測できない．

(1) He may be a professor, but he's an idiot.

　これまで言語学は，主語と動詞句の結合のように，統語構造と統語範疇だけが分かれば，具体的な語彙情報や語用論的情報がなくても解釈できる局所的構造しか問題にしてこなかった．構成性原理が一般的な原理であるとされた原因の一つは，それに合致するような構造しか研究しなかったことである．第2に，そうした構造が多様な解釈を許すときに，構成性原理を満たす解釈だけを本来の意味とし，それに合わない解釈を特殊なものとして，無視してきた．つまり，もともと構成性を満たしやすい構造の，構成性に従う解釈しか考慮しなかったのである．この場合には，当然，具体的語彙情報や語用論的情報は必要ない．そこで，あたかも単純な構成性原理が常に成立しているかのような印象を与えた．ところが，具体的な語彙や語用論的情報を考慮せずに全体の意味を決定できる複合構造は，一般的ケースなどではなく，むしろ一般的ケースが退化した例外にすぎない．複合構造の一般的ケースでは，要素の意味や統語情報に加えて，具体的な語彙情報や語用論的情報も必要である．

　自然言語は，ある程度の構成性をもっているが，完全な構成性は理想にすぎない．自然言語の文法は，要素のリストと，要素から複合表現を作る規則のリストだけではすまず，慣習化された意味が認められる限り，要素，規則，中間的な複合表現，その上位の複合表現，すべてを記述する必要がある．

3.3　カテゴリー

　世界に存在するものは多種多様であるが，われわれは繰り返し現れる類似性に着目し，多様なものを少数の**カテゴリー**に分類し，整理する．われわれが思考に用いる概念はカテゴリーであり，カテゴリーによる分類は，われわれが世界について考え，世界を理解し，世界と適切に交渉するための知的営みの基礎を成す．したがって，カテゴリーがどのような性質をもつのか，われわれはカテゴリーをどのように獲得するかなど，カテゴリーに関する問題は，われわれの思考の理解にとって特別な重要性をもっている．

　カテゴリーについては，まず，二つの対立する考え方がある．第1の考え方では，カテゴリーは，メンバーの客観的共有属性によって定義される．われわれは，共有属性を発見し，それに名前を付けることができるだけである．第2

の考え方では，カテゴリーは恣意的で，われわれは自由にどのようなカテゴリーも作ることができる．

　第1の考え方は，カテゴリーについての標準的見方であるが，後に見るように，多くの問題点を抱えている．第2の考え方については，カテゴリーには認知的基盤があり，自由でないことが分かっている．例えば，色のように，物理的にはどのようにでも分割でき，それゆえ，どのようなカテゴリー化も可能な場合でさえ，世界の諸言語で実際に見られる色彩語のカテゴリー化は恣意的でなく，視神経系への制約(生理的，認知的要因)と，生活環境の制約(生存に重要なものが重要視されるという環境的要因)に従っている(Berlin & Kay 1969)．

　そこで，Lakoff(1987)は，**経験的実在論**(experiential realism)という第3の立場を提唱する．この立場は，現実世界がカテゴリー形成に制約を課すことは認めるが，われわれの身体や生活環境，さらに想像力がカテゴリー形成に大きな働きをすることを強調する．Lakoff は，カテゴリーは，身体的経験から生じ，身体的経験を考慮することではじめて理解可能となると主張する．この場合，経験は広い意味に解する必要があり，知覚や身体運動だけでなく，生体の遺伝的特質や，物理的世界や社会との相互作用も含む．カテゴリーは，人間の認知プロセスを反映する．

　以下，古典的カテゴリーの特徴と限界を論じ，プロトタイプ理論への移行を素描する．次に，トートロジーや英語 lie の意味を考え，プロトタイプ的アプローチの有効性を示す．最後に，カテゴリーの定義には，構造化された背景知識を考慮する必要があることを，フレームという概念で論じる．

(a)　古典的カテゴリーの特徴

　アリストテレス以来の古典的カテゴリー観では，カテゴリーは，メンバーの共通属性によって定義される．素朴に考えれば，イヌとネコは明らかに違うし，イヌにはイヌ同士に共通する属性が，ネコにはネコ同士に共通する属性があるように思える．こうして，共通属性の存在は，自明な事実と考えられた．共通属性は，カテゴリー所属の必要十分条件である．

　古典的カテゴリーは，集合論的解釈では，集合と同一視される．古典的カテゴリーは，少なくとも次の性質をもつ．

　(1)　すべてのメンバーに共通する属性がある．

(2) カテゴリーには明確な境界がある．
(3) 人間的要因を介在させず客観的に定義できる．
(4) メンバーは同じ資格でカテゴリーに所属する．

しかし，自然言語には，こうした性質をもたないカテゴリーが多数あることが分かっている．(1)については，L. Wittgenstein が，すべてのゲームに共通の属性はないと指摘している．(2)については，W. Labov が，さまざまな形の容器の名前を言わせる実験から，カテゴリーの境界が不明瞭になる事例のあることを指摘している．(3)については，Lakoff などが，カテゴリーへの所属は対象の客観的性質だけで決められない場合があることを指摘している．(4)については，Rosch が，自然カテゴリーでは，同一カテゴリーに属すメンバー間に所属度の違いがあることを指摘している．

(b) Wittgenstein と家族的類似

カテゴリーがメンバーの共有属性によって決まるとする考えは，ある意味では自然な見方であるが，ネコやイヌなどの自然種を離れ，人工物，人間の活動，抽象物などの領域を考えると，とたんに自明な真理とは言えなくなる．ゲームには，チェスのようなボード・ゲーム，ブリッジのようなカード・ゲーム，テニスのような球技などいろいろなものがあるが，それらすべてに共通して見られる特徴を見つけることはできない．多くのゲームに見られる勝ち負けという要素も，トランプの一人占いなどには欠けている．

Wittgenstein(1953)は，ゲームというカテゴリーは，メンバーすべてに共通する特徴はないが，メンバー同士はある種の全体的な類似性，複雑な類似性の網の目でつながっていると主張し，これを**家族的類似**(family resemblance)と呼んだ．家族的類似とは，血縁関係にある家族のメンバーは，体つき，顔つき，目の色，歩き方，気質など個々の部分を取り出して比較すると必ずしも似ているわけではないが，全体としてはやはりその家族の一員であると思わせる類似が見られるということである．つまり，こうしたカテゴリーでは，個々の属性がすべてのメンバーに共通して見られるかどうかより，属性の束としての全体的類似度の方が重要なのである．

（c） カテゴリー境界の不明瞭性

　Labov(1973)は，いろいろな形の容器を用意して，それが何であるかを答えさせる実験を行ったところ，カテゴリー判断が不明瞭になることを発見した．典型的なcup(開口部は丸く水平，胴体は底に向かって狭まる円筒形，開口部の直径と胴体の高さは等しい，取っ手がついている)では，被験者全員がcupと答えた．ところが，高さに対する開口部直径の比が大きくなり，容器が扁平になると，徐々に，bowlという答えが増える．古典的カテゴリー観が予想する反応は，ある時点まで全員がcupと答え，それを過ぎると全員がbowlと答えることであるが，実際の回答では，あるカテゴリーから別のカテゴリーへの移行は緩慢であった．

　さらに，同一の容器でも，コーヒーが入っていると想像してもらうと，cupという答えが増え，マッシュポテトが入っていると想像してもらうとbowlという答えが増えた．すなわち，容器のカテゴリー化には，容器の形だけでなく，用途も考慮される．カテゴリーは，明確な境界をもたないばかりでなく，非客観的要因にも影響を受けるのである．

（d） 非客観的カテゴリー

　古典的カテゴリーは，ものが本来的にもっている属性で定義される客観的な集合であり，人間がそれをどのような目的で使うつもりかとか，それをどのように認識するかなどの人間的要因が関与する余地はない．しかしすでに，Labovの実験は，容器になにを入れるか考えるだけで，容器のカテゴリー化が変わってくることを明らかにしている．

　さらにカテゴリーは恒常的でなく，発話状況との関連で，その場で再編成されるという動的側面をもつ．「水をもってきてくれ」と言われた場合に，火を消すためなら，海水でもよいが，飲むためなら，海水は不適当である．同じ「水」という表現でも，使用目的によって，海水は入ったり，入らなかったりする．

　自然言語には，目的要因を考慮しないと，そもそも定義できないカテゴリーが存在する．「にせの銃」(fake gun)は，単に銃でないものの集合ではない．自動車，家，人間は銃ではないが，「にせの銃」ではない．「にせの銃」とは，銃ではないが，ある状況では，銃であると錯覚させる意図のもとに作られたもの

である．これは「にせ札」を考えれば明らかであろう．「にせの」という修飾語の意味に，人を欺く意図が含まれていることは，「にせの銃」を「おもちゃの銃」(toy gun)と比較するとはっきりする．「おもちゃ」には，もともと本物と錯覚させる意図はない．こちらは，もっぱら遊びに使うためのものとして定義されている．

　vegetable は，ニンジン，ほうれん草，豆，トウモロコシなどを含むが（日本語の「野菜」は，普通，豆やトウモロコシは含まない），これらを vegetable でないものから区別する客観的属性があるとは思えない．むしろ，食用のために栽培されているかどうかが vegetable であるかどうかを決定する．

　移動動詞や変化述語には，面白い用法がある．「走る」は，通常，人間や動物などの意志的な移動を表す．ところが，移動がなくても「走る」は使える．走った後には，軌跡が残り，その軌跡を辿ることによって，走るという移動行為を再現できる．軌跡と見なされた道，谷，地平線などを端から端までスキャンする認知プロセスは，疑似的に対象自体の移動を作り出す（**主観的移動** subjective motion，**想像上の移動** fictive motion などと呼ばれる．Langacker 1987; Matsumoto 1996）．

（2）　東名高速道は，東京から名古屋まで走っている．

（3）　彼の背中には，痛々しい傷跡が，肩のあたりから斜めに 30 センチほど走っている．

この用法は，きわめて一般的である．例えば，「曲がっている」は「曲がる」という変化の結果であるが，最初から曲がっている道が，「この道はここで左に曲がっている」などと表現できる．さらに，移動しているのは認識主体であっても，認識主体を固定しているかのように見なせば，相対的に，固定している認識対象が移動しているかのように表現できる．

（4）　車のスピードが上がるにつれ，杉並木が猛烈なスピードで後方に向かって走り出した．

変化述語も，典型的には，ある対象の変化を表すが，認識主体の内的変化が，認識対象の変化のように表現されたりする．次の例では，読み手の理解力があがったため，相対的に，チェホフの小説の難易度が下がることが，あたかもチェホフの小説自体の難易度の変化のごとく表現されている（Sweetser 1996）．

（5）　年を取るにつれ，チェホフの小説は理解しやすくなる．

(e) プロトタイプ

古典的カテゴリー観では，あるものはあるカテゴリーに属すか属さないかのいずれかであり，メンバー間に所属度の違いは存在しない．70年代前半に，Rosch(1973, 1977)は，**自然カテゴリー**を研究して，この予想と異なる結果を得た．自然カテゴリーでは，同一カテゴリー内に中心的メンバーとそうでないメンバーがおり，所属に違いが見られた．トリのカテゴリーでは，アメリカ人にとってはコマドリ，日本人にとってはスズメやツバメなどの方が，ペンギンやダチョウなどより，トリらしいトリである．カテゴリーの中心的メンバーは**プロトタイプ**と言われる．

あるものがカテゴリーの中心的メンバーであるか，周辺的メンバーであるかの違いは，言語表現に反映する．英語のカテゴリー所属を表現する文では，中心的メンバーに対しては par excellence という**ヘッジ**(hedge, 境界設定表現) が使われるが，周辺的メンバーに対しては，sort of や kind of が使われる (Lakoff 1982)．日本語で par excellence の対応表現を見つけるのは難しいが，sort of に対しては，「… も … であるには違いない」や「一応」が比較的うまく対応する．(? は文が不自然であることを示す)

(6) a. A robin is a bird par excellence.
　　b. ?A robin is a sort of bird.

(7) a. ?A penguin is a bird par excellence.
　　b. A penguin is a sort of bird.

(8) a. ?コマドリも，一応，トリだ．
　　b. ペンギンも，一応，トリだ．

(9) a. ?コマドリも，トリには違いない．
　　b. ペンギンも，トリには違いない．

カテゴリー所属が，**定義属性**(トリなら，その分類学上の基準)によってのみ判断されるなら，メンバー間にカテゴリー所属度の違いは存在しえない．所属度の違いが存在するためには，カテゴリー所属に，直接，影響しないが，カテゴリーのメンバーらしさを決定する属性が存在しなくてはならない．トリを例にとれば，翼を使って空を飛ぶことは，トリであることの必要条件ではないが，トリらしさを決定する重要な要因である．こうした属性を，**特徴づけ属性**と呼

ぶなら，カテゴリー所属の判断は，多くの場合，定義属性によるものと，特徴づけ属性によるものの2段階があることになる．

　特徴づけ属性にも，重要なものもあれば，重要でないものもある．トリにとって，空を飛ぶことは，重要な特徴づけ属性であるが，羽毛の色などはあまり重要でない．プロトタイプ的メンバーは，定義属性と特徴づけ属性の両方を満たすが，周辺的メンバーは定義属性は満たすが，特徴づけ属性のいくつかを満たさない．カテゴリーにとって重要な特徴づけ属性を満たさないほど，所属度は悪くなる．日本ではインコやオウムのような極彩色のけばけばしい羽毛は普通でないが，インコやオウムもプロトタイプ的トリに近い．しかし，ダチョウのように飛ばないトリは周辺的トリである．

　Roschは，カテゴリー所属の判断は，プロトタイプとの全体的類似で行われるとしたが，プロトタイプとはいったい何なのか．これについては，プロトタイプ的メンバーそのものとする説と，プロトタイプ的メンバーから取り出された抽象的な属性の集合とする説がある．プロトタイプが，プロトタイプ的メンバーそのものであると考えた場合，プロトタイプには，重要でない属性が多数含まれることになる．スズメにはスズメに特徴的な羽毛の色や鳴き声があるが，こうしたものはトリのカテゴリーにとって重要でない．したがって，プロトタイプは，定義属性と特徴づけ属性からなる抽象的な属性集合と考えた方がよい．しかし，仮にプロトタイプを抽象的属性集合と考えた場合でも，カテゴリー判断にこの属性集合しか使われないと考える必要はない．言語知識が，単に規則についての知識だけでなく，規則の適用例についての知識も含まねばならないように，カテゴリー判断にも，属性集合とその典型的実現形態としてのプロトタイプ的メンバーの両方が必要である．

(f) **プロトタイプ効果**

　プロトタイプ的メンバーには，周辺的メンバーに比べて，次のような特徴がある．
(1) カテゴリーに属すかどうかの判断に要する時間が短い
(2) カテゴリーの例として思いつきやすい
(3) 学習が早い

これを，**プロトタイプ効果**と言う．例えば，子供に「トリを買って」と言われ

て，気前よく買ってやると約束した母親が，子供にペットショップに連れられていったら，それがダチョウであったら，大いに驚くだろう．場合によっては，約束を取り消すかも知れない．つまり，母親は「トリ」という語から，トリ（より正確には，ペットとしてのトリ）のプロトタイプしか考えなかったのである．もともとダチョウだと分かっていれば，買ってやると約束しなかったはずだから，ダチョウについては何の約束もしていないということである．

われわれは，カテゴリーについてある判断を行うとき，プロトタイプ的メンバーのことしか考えない傾向がある．例えば，「椅子は家具である」という判断は，いかにももっともらしい．しかし，ベンチは椅子だが，家具ではない．カテゴリーについての過剰一般化もプロトタイプ効果の結果である．

プロトタイプ効果は，文法カテゴリーについても存在する．ある事件を絵にして被験者に提示する．次に，その情景を描写した能動文と受動文を与えて，理解にかかる時間を計ると，能動文の方が反応が早い．通常，動作主と被動作主を含む事件は，動作主から被動作主への働きかけとして概念化される（3.5節(d)参照）．このプロトタイプ的事件の概念化では，動作主が焦点化され，動作主を中心にして事件が概念化される．この概念化は，能動文が表現する事件の概念化と一致する．したがって，能動文の方が理解が早いのは，事件の概念化に由来するプロトタイプ効果である．

（g） カテゴリーの階層化と基本レベル

カテゴリーは，包含関係による階層をなす．例えば，ブルドッグ，イヌ，哺乳類，動物，生物では，先行するカテゴリーが次に来るカテゴリーに包含される．こうして，一つのものは階層をなす複数のカテゴリーに属す．しかし，すべてのレベルが同等の重要さをもっているわけでなく，われわれはあるレベルを特別に重要視する．これを，**基本レベル**と呼ぶ．先の階層では，イヌが基本レベルである．基本レベルには，いくつかの特徴がある．

第1に，情報の集中がある．単純に考えれば，下位のカテゴリーほどより多くの属性をもつから，もっとも下位にあるカテゴリーがもっとも情報量が多い．ところが，われわれがブルドッグについて知っていることは，ほとんど，イヌ一般についての知識であり，ブルドッグだけについての知識（恐い顔をしている，むっくりした体つきをしている，足が短いなど）は意外と少ない．ま

た，上位カテゴリーである哺乳類について知っていることもそれほど多くないし，動物や生物ではさらに少しのことしか知らない．Zubin & Köpcke (1986) は，ドイツ語で上位レベルのカテゴリーが中性になりやすいのは，情報量が乏しいからだと考えている．これに対して，基本レベルや下位レベルのカテゴリーは男性や女性のものが多い．例えば，楽器については，上位語の Instrument (楽器) は中性であるが，基本レベルの Gitarre (ギター)，Trompete (トランペット)，Trommel (太鼓) は女性である．果物については，Obst (果物) は中性だが，Apfel (リンゴ) は男性，Pflaume (プラム) や Traube (ブドウ) は女性である．

第2に，基本レベルのカテゴリーは，子供が最初に覚えるカテゴリーである．子供は，2歳半くらいから，基本レベルのイヌについての概念化を始める．これに対して，上位レベルの動物のカテゴリーの概念化は4歳頃から，下位レベルのブルドッグやコリーの概念化はさらに遅れ，5,6歳以降であると言われる．哺乳類のような概念は，学校教育で教え込まれるものであるから，当然，もっと遅れる．

第3に，基本レベルのカテゴリーは，もっとも使用頻度の高いカテゴリーである．

第4に，基本レベルのカテゴリーは，単一の語で表現されることが多い．これに対して，下位レベルのカテゴリーは，合成語になりやすい (柴犬，土佐犬，紀州犬，秋田犬など)．

第5に，基本レベルのカテゴリーは言語間であまり差異がないが，上位レベルのカテゴリーは言語間で差異が大きい．日本語「けもの」や「動物」(学問用語として「植物」に対立して使われるときは別) には虫は含まれないが，フランス語 bête は，プロトタイプは四足獣だが，すべての生き物を指すことができ，特に虫によく使われる．英語 beast は古フランス語からの借用であり，ある時期まで，虫を指せたが，現在では，この用法は廃れている．こうして，上位語では，同一言語でさえ，時代によってメンバーの出入りがある．

(h) トートロジー

カテゴリーは，発話状況で動的に再編される．カテゴリーは，境界を緩め，外部の対象を取り込むこともあれば，境界を引き締め，周辺的メンバーを追放することもある．次の文は，こうしたカテゴリーの引き締めを表す．

(10)　飛ばないトリなど，トリでない．

単純に考えれば，(10)は明白な矛盾文である．ところが，われわれは，カテゴリー所属と，典型性を別の基準を使って判断している．「飛ばないトリ」に現れているトリのカテゴリーは，定義属性だけを満たせばよい，緩い判断である．一方，述語「トリでない」に現れているトリのカテゴリーは，定義属性と特徴づけ属性（その全部とは言わないまでも，少なくとも，飛ぶという属性は含まれる）の両方を満たす必要のあるきつい基準で判断されたトリのカテゴリーである．同じ「トリ」という表現であっても，主語の「トリ」と属詞の「トリ」は同じではなく，「トリ」が多義語化しているのである．(10)は一見「あるXはXでない」という矛盾文であるが，意味の上では「あるXは，Yでない」であり，矛盾していない．

こうした緩いカテゴリーときついカテゴリーの存在を前提にして，(11)のようなトートロジーが存在する．

(11)　飛ばなくても，トリはトリだ．

トートロジー「XはXだ」は，カテゴリーXの決定に，きつい基準と緩い基準があるとき，緩い基準が正当な基準であると主張しているのである．つまり，メンバー間の差異は重要でないと主張している．ところが，トートロジーを二つ重ねて，「XはX，YはYだ」とすると，XとYの差異が強調される．

(12)　金を取っている以上，オープン戦でも，試合は試合だ．

(13)　オープン戦はオープン戦，試合は試合だ．

(12)は，どんな試合も同じ重要性をもつと言っているが，(13)は，オープン戦とシーズン中の試合では，重要性が異なると言っている．つまり，二つのトートロジーは正反対の主張になっている．これは，どのように説明できるだろうか．

これらの文に関係するカテゴリー構成は，カテゴリー「試合」と，そのメンバー「オープン戦」と「試合」（シーズン中の本試合）である．カテゴリー名を使ったトートロジーは，メンバー間の差異の重要性を否定し，逆に，メンバー名を使ったトートロジーは，メンバー間の差異の重要性を強調する．カテゴリーに注目することはメンバー間の差異を無視させ，メンバーに注目することはその特異性を際だたせるように働く．

メンバー名を使ったトートロジーが，単に「XはXだ」と表現されることも

ある．

(14) オープン戦はオープン戦だ．無理して，怪我することはない．

この文でも，オープン戦は他のメンバーと対立的に考えられており，シーズン中の試合との差異が強調されている．使われた表現が，カテゴリー名，メンバー名のどちらであるかの判断を間違えると，解釈をあやまる．

メンバー間の差異を強調するトートロジーで利用されるカテゴリーは，必ずしも慣習化された名前をもっている必要はない．次の文は，男女のつきあいで，遊びと見なされるつきあいと，結婚に至るつきあいとの違いを強調している．

(15) 遊びは遊び，結婚は結婚だ．

この文の理解には，遊びと結婚がメンバーになるカテゴリーを考える必要がある．ところが，このカテゴリーには，慣習的に語彙化された名前はない．「つき合い」，「交際」，「男女関係」のどれも物足りない．われわれは，名前のないカテゴリーも使っていると結論せざるを得ない．自然言語は，ある観点から特に有用と見なされるカテゴリーだけに名前を付け，他の多くのカテゴリーには名前は付けない．しかし，名前のないカテゴリーも，言語理解に使われているのである(坂原 1993)．

日本語には，この他にも，同じ名詞句を重ねることで，カテゴリーへの所属度を問題にする表現がある．「XはXだが，Z」は，ZがXの周辺的メンバーであることを表す．逆に，「XもX，Z」は，ZがXの中心的メンバーであることを表す．

(16) A：太郎は，東京の生まれらしいね．
     B：東京は東京だが，北千住の生まれですよ．
(17) A：太郎は，東京の生まれらしいね．
     B：東京も東京，神田の生まれですよ．

(i) プロトタイプ意味論

自然カテゴリーがプロトタイプ的であれば，言語表現もプロトタイプ的カテゴリーとして説明する方が，うまく説明できることが予想される．こうした考えに立って，英語 lie を研究した Coleman & Kay (1981) は，lie が次の三つの要素からなるプロトタイプ的カテゴリーであるとした．

(1) 発言内容が偽である

(2) 話し手は発言内容を偽だと思っている
(3) 話し手はその発言によって聞き手をだまそうとしている

この三つの要素をすべて満たす事例がプロトタイプ的 lie であるが，三つの要素をすべて満たさなくても，さまざまな度合いで lie と判断される．例えば，社会儀礼による lie は，(3) を満たさない周辺的な lie である．

Coleman & Kay (1981) は，三つの条件は (2), (3), (1) の順に重要であるとした．例えば，話し手が，発言内容を偽であると思わず ((2) の否定)，かつ人をだます気がなく ((3) の否定)，間違ったことを言った場合は，単に間違っただけで，嘘をついたと見なされない可能性が高い．ところが，被験者に lie を定義してもらうと，最も重要でないはずの (1) だけを挙げる人が多い．

これに対して，Sweetser (1987) は，話すという行為がいかなる前提のもとに行われるかを考えると，この回答が理解できることを示した．話すことについての常識的見方を表す**理想認知モデル** (ICM, idealized cognitive model) には，次の仮定がある．

(4) 話し手は，十分な理由をもって発言内容が真であると信じている
(5) 人々が，十分な理由をもって真であると信じることは真である

このモデルでは，ある人が真であると信じる命題には，そう信じるだけの理由があり，それゆえ，その命題は真であるとされる．そこで，発言が偽であるなら，話し手はそもそもその発言を信じていないことになる．さらに，会話についての原則 (Grice 1975) から，自分が信じていないことを発言する人は，他人を欺く意図をもっているという結論を導き出せる．したがって，lie の定義として，(1) だけを挙げる回答は，実は (1), (2), (3) をすべて挙げるのと同じことになる．理想認知モデルのために (2), (3) は自明だから，(1) しか挙げないのである．

(j) フレーム意味論：カテゴリーと背景情報

lie の定義に，理想認知モデルのような背景的知識が重要な役割を果たしていた．こうした背景的知識の存在を無視して，語の意味を意味素性で表した場合，bachelor は，[−married, +adult, +man] (すなわち，unmarried adult man である) と定義できる．しかし，この三つの素性をすべて満たしても，bachelor であるとするのが不自然な場合がある．法王は bachelor か．同棲している男の同

性愛者や離婚した男は bachelor か．いずれに対しても，明確な答えがない．こうした例から，Fillmore は，単語は [−married, +adult, +man] のような注意をひきやすく，焦点化された条件に加えて，語の使用の適切・不適切を規定する背景情報をもっていると考え，それを**フレーム** (frame) と名付けた．bachelor のフレームとは，通常，成人男性は結婚するものだという社会的慣習である．法王や同性愛者のようにもともとこの慣習に従うつもりがなかったり，離婚した男のように一度結婚していたりすれば，たとえ [−married, +adult, +man] という条件を満たしても，bachelor と言うのが難しくなる．

フレームの存在により，語の定義は，焦点情報にだけ注意すればよいことになる．こうして，bachelor は，フレームが満たされている限り，[−married, +adult, +man] でよい．同時に，そのフレームが満たされなければ，たとえ焦点情報が満たされても，語の適用は不自然となったり，無意味になったりする．カテゴリーは独立に定義されているのではなく，ある背景情報の上に成り立っているのであり，背景情報が満たされているかどうかは，当然，カテゴリー判断に影響を及ぼす．

フレームと類似の概念は，認知言語学では広く使われている．Lakoff (1987) の理想認知モデルや Langacker (1987, 1991) の認知領域も，語の定義を考える上で，類似の使われ方がされている．

(k) カテゴリーの拡張：多義，放射状カテゴリー

一つの表現が多くの意味をもつことがある．civilization は，文明化の過程も，その結果の文明も指せる．operation は，抽象的な操作と，そのさまざまな領域での特殊操作として，外科手術，商取引，計算，会社の運営，軍事作戦などいろいろなものを指せる．circle は，図形としての円も，また何らかのつながりでまとめられた人間の集団も指せる．一方，square は，図形では四角であるが，広場の意味もある．

operation のいろいろな意味は，一つのカテゴリーにまとめるのは不自然でない．しかし，square の四角と広場という意味を同じカテゴリーの二つの要素と考えることは難しく，単にあるものを名付けるのに別のものの名前を流用しただけだと思える．しかし，この場合でさえも，ある種のカテゴリー化があると考えることができる．こうしたカテゴリー化にはさまざまな原則が働

く．広場を square と名付けるのは，形態のメタファーであるが，人の集まりを circle と名付けるには，もう少し複雑なメタファーが必要である．結果としての civilization を，過程の名前で指すのは**メトニミー**（換喩）である．外科手術，計算，商取引などを operation と呼ぶのは**精緻化**による．

多くの場合，ある表現の複数の意味の関連は，簡単に理解できる．しかし，意味の拡大が連続して起こると，起点にある意味と終点にある意味では，ほとんど関連がなくなる．bureau という語は，元来，フランス語で，テーブルクロスなどに使われた粗布を指した．これが，メトニミーにより，仕事机を指すようになった．次に，2 番目のメトニミーで，机が置かれる事務所を指すようになった．さらに，3 番目のメトニミーで，その事務所で行われる活動としての事務局（例．travel bureau）を指すようになった．意味拡大のそれぞれのステップは簡単に理解できるが，始めと終わりをいきなり結びつけて，粗布と事務局がなぜ同じ語で指せるかを考えてもほとんど理解できない．複数の意味の間の関連が理解できなくなると，多義語は，たまたま音が同じであるだけの別の語と感じられるようになる．

Lakoff(1987)は，一つのカテゴリーの規定に複数の条件が関係する場合，カテゴリーは中心的ケースと，それから派生して放射状に延びる周辺的ケースとからなる放射構造をもつようになると言う．「母」は，「子供を産んだ女」と定義できるかも知れないが，たとえ子供を産んでいなくても，子供を養育している女，父親と結婚した女，卵子を提供した女は母親（「養母」，「継母」，「生物学的母」）と呼ばれる．「母」の中心的ケースは，出産，養育，婚姻，遺伝子提供のすべての条件を満たす場合であり，子供の父親と結婚しており，自分の卵子により子供を出産し，自分の手で子供を育てる母親である．周辺的ケースは，中心的ケースに対する変種として理解されるが，どのような変種があるかは，一般的規則で予測することはできず，学ぶ必要がある．しかし，適切な知識があれば，それぞれの周辺的ケースの存在理由は，理解できる．

文法的カテゴリーのように，現実世界に確固とした支柱をもたない抽象的カテゴリーは，きわめて緩い連関で結びつけられた**放射状カテゴリー**を作りやすい．名詞より動詞の方が，動詞より前置詞の方が，前置詞より名詞の性などの文法的カテゴリー（例えば，フランス語女性名詞）の方が，緩いカテゴリーを作りやすい．Lakoff が，自分の本の題名にまでしたディルバル語(Dyirbal，オー

ストラリア先住民言語)の名詞クラスは，この観点から特に興味深い．

　ディルバル語は四つの名詞クラスをもつ．第2類は，女，大ネズミ，イヌ，カモノハシ，ハリモグラ，ある種のヘビ，ある種のサカナ，ほとんどのトリ，ホタル，サソリ，コオロギ，水か火と関係するものすべて，太陽と星，盾，ある種の槍，ある種の木などを含む．この分類はまったくのでたらめに見えるが，ディルバル語の話し手は，このクラスがいくつかの原則によって決定されているのを知っている．このクラスの基本メンバーは女，水，火，戦いの四つであり，他のものは，なんらかの原則でこのメンバーに結びつけられている．同じ経験領域に属すものは，同じクラスに分類される(経験領域原則)．光と星は，火と同じ経験領域に属すので，第2類に分類される．あるものが，神話により，ある性質をもつと信じられる場合，それがたとえ他のカテゴリーに分類するのが妥当と思われる場合でも，神話に合わせて分類される(神話・信仰原則)．コオロギは老女であると信じられているので，第2類に分類され，月と太陽は神話上の夫婦なので，月は男として第1類に，太陽は女として第2類に分類される．

　一見でたらめに見えるこうした分類も，実際にその分類を行う人の視点からすれば，ある原則に従っている．このようなカテゴリーが，メンバーの客観的共有属性で決定されているのでないのは明らかであろう．カテゴリーは，完全に恣意的ではないが，作られたものであり，多かれ少なかれ，それを作り，使う人の活動や世界観に照らして初めて正当化できる．

3.4　メタファー: カテゴリー拡張と認知方略

　Lakoff & Johnson(1980)は，日常的メタファーの詳細な分析により，メタファーは単なる表現の飾りではなく，すでに利用可能な知識を使って，理解の難しいものを理解しやすくする認知方略であることを明らかにした．メタファーは，異なる領域間の類似に着目して，ある領域の構造を別の領域に写像し，その領域を元の領域に似せて構造化することで，低コストで迅速にその領域を理解可能にする．メタファーの出発点となる領域は**ソース領域**(source domain)，構造化される領域は**ターゲット領域**(target domain)と呼ばれる．通常，ソース領域は，ターゲット領域より基本的で，より明確に理解されている知識領域

である．

　次の例では，議論が戦いにたとえられている．戦いの要素である攻撃，防御，勝利，敗北，威嚇，撤退などは，イヌの喧嘩にさえ見られるほど基本的な概念であり，議論より確実によく理解されている．

(**18**)　彼は私の主張を激しく**攻撃**した．
(**19**)　私は自分の主張を**守る**すべがなかった．
(**20**)　私の主張は粉々に**撃破**された．
(**21**)　私は彼との議論で**勝った**ためしがない．

メタファーには，いくつかの特徴があるが，特に重要なのは，次の2点である．

(1)　メタファーは体系的であり，結合された領域に存在する多くの要素を対応関係におく
(2)　メタファーはものごとのある側面を焦点化し，別の側面を覆い隠す

(a)　メタファーの体系性

　メタファーは組織的，体系的であり，結びつけられた領域の多くの要素を対応関係におく．理論は建物の概念構造により理解されており，建物に基礎，土台，構造があるように，理論にも基礎，土台，構造があり，また建物を建てたり，補修したり，作り直したりするのと同様，理論を建てたり，補修したり，作り直したりする．

　しかし，メタファーの領域間の対応づけはあくまで部分的で，二つの領域に存在するすべての要素が対応づけられるわけではない．理論＝建物のメタファーでは，使われるのは土台，外に見える部分，ものを建てる基本的行為などに限られ，屋根，部屋，階段などは使われない．しかし，理論は建築として理解されているため，それまで使われていなかった部分を使って，新しいメタファーを作れる．Lakoff & Johnson (1980) は，次のような例を作っている．

(**22**)　His theory has thousands of little rooms and long, winding corridors.
　　　（彼の理論には，たくさんの小部屋と長く，曲がりくねった廊下がある．）
(**23**)　His theory are Bauhaus in their pseudofunctional simplicity.
　　　（彼の理論は，見せかけの機能本位の単純さのために，バウハウスさ

(24) He prefers massive Gothic theories covered with gargoyles.
（彼は，ガーゴイルで覆われたどっしりした理論を好む．）
(25) Complex theories usually have problems with the plumbing.
（複雑な理論は，排水に問題があることが多い．）

(b) メタファーと視点

ターゲット領域の構造化に使われたソース領域の知識は，ターゲット領域を概念化する視点として働く．ものはどこから見るかで見え方が変わってくる．メタファーが内包する視点は，ものごとに対するある特定の見方を強要する．その結果，ソース領域と類似する特徴が際立たされる一方で，ソース領域に存在しない特徴は覆い隠される．メタファーは自分に合うものだけを通過させ，それ以外のものを阻止するフィルターとしての機能をもつ．

議論には，自分の意見を相手に押しつける闘争の側面と，議論の参加者が共同で意見の不一致を調整し，よりよい解決を探すという協調的側面がある．重要なのはむしろ協調的側面である．ところが，議論を戦いにたとえるなら，攻撃，防御，勝敗などはいやおうなく強調されるが，協調的側面は見えにくくなる．メタファーの中に含まれる特定の視点は，無意識的，無批判のうちに取り込まれるので，それについて意識的な反省を加えるのが難しい．こうして，メタファーは，われわれの考え方，行動の仕方に深い影響を及ぼす．戦いのメタファーを使って議論を概念化することで，協同でよりよい解決を目指すという目標を忘れ，必要以上に，相手に勝つことにこだわったりすることになる．

(c) 言語についてのメタファー：導管メタファー

メタファーはものの見方に影響を与えるが，言語学にとって，もっとも興味深いメタファーは，言語そのものについてのメタファーである．これは**導管メタファー**(conduit metaphor)と呼ばれる(Reddy 1979; Lakoff & Johnson 1980)．このメタファーでは，言語行為は，贈り物の図式で概念化される．話し手は，贈り物と見なされた情報を，容器と見なされた言葉に詰め込み，ある経路を通じて，聞き手に送る．聞き手は，贈り物を受け取った人がそれを容器から取り出して自分のものにするように，言葉から情報を取り出し理解する．

3.4 メタファー：カテゴリー拡張と認知方略　107

このメタファーはきわめて深く言語に浸透しており，それを使わずに言語のことを語るのがほとんど不可能なくらいである．(26)では，ものを手渡す行為が考えを理解させる行為になり，(27)では，贈り物を与える行為が考えを伝える行為となり，(28), (29)ではものをつかみ，容器に詰め込む行為が考えを言語化する行為となり，(30)では容器と見なされる言葉は意味を運び，(31), (32)では言葉は，容器同様，詰まっていたり，空だったりする．

(26) It's hard to *get* that idea *across to* him.

(27) I *gave* you that idea.

(28) It's difficult to *put* my idea *into* words.

(29) When you *have* a good idea, try to *capture* it immediately *in* words.

(30) His words *carry* little meaning.

(31) Your words seem *hollow*.

(32) The sentence is *without* meaning.

このメタファーは，無害のように見えるが，**コードモデル**と呼ばれる，言語についての特定の見方を強要する．コードモデルでは，話し手は，伝えるべき意味を文法コードにもとづき，特定の音(言葉)に変換し，発話する．発話された言葉は，聴覚を通して，聞き手に受け取られる．聞き手は，コードを逆方向に用いて，言葉から意味を取りだし，話し手の考えを理解する．このモデルでは，伝わる意味はすべて最初から言葉の中に含まれていると仮定する．

ところが，実際の言語使用では，聞き手は言語データから，先行の発話，一般的知識などを使った推論によって，明示的に表現されていない多くの情報を引き出している．したがって，すべての情報が明示的に表現されており，それを解読すればすむとするコードモデルは，あくまで自然言語のコミュニケーションの一部しかとらえていない．それにもかかわらず，コードモデルが自然に見えるのは，われわれが無意識のうちに導管メタファーが含む概念化を受け入れてしまっているからである．言語をよりよく理解しようとすれば，導管メタファーから自由になる必要がある．

(d)　多領域メタファー理論

従来のメタファー理論は，ソースとターゲットの二つの領域しか考えなかったが，Fauconnier & Turner (1994) は，ソースとターゲットの共通の構造を

表す**共通領域**(generic domain)や，二つの領域の構造が混じり合う**融合領域**(blended domain)を用いる多領域モデルを提案している．

次の(33)について考えよう．この文は，競輪選手についての評価を表している．

(33) 腐っても，タイはタイ．イワシは腐ったらすぐに捨てられる．

きわめて優秀な競輪選手は，年を取り，少しくらい衰えても何とかやっていけるが，もともと平凡だった選手は年を取り少し衰えただけで，すぐに選手生命が終わる．ソースは魚の集合で，ターゲットは競輪選手の集合である．共通領域は，価値の高いものと価値の低いものからなる集合である．ソースにあるタイとターゲットにある優秀な競輪選手は共通領域にある価値の高いものに結びつけられる．イワシと平凡な競輪選手は共通領域の価値の低いものに結びつけられる(図3.1)．マッチングにより，共通領域の推論(価値の高い物は捨てられにくい．価値の低い物は捨てられやすい)が，ソースとターゲットに適用される．サカナの集合が，競輪選手の価値づけに使えるのは，共通領域との結合があるからである．

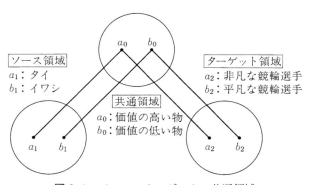

図**3.1** ソース，ターゲット，共通領域

ある経験領域がソースになれるのは，その領域固有の性質というより，むしろ共通領域との対応づけのせいである．そこで，共通領域が固定しているなら，ソースは変化してもメタファーの一貫性は保てる．次の例は，GMの新車の宣伝の一部であり，共通領域の存在とその働き方を示す興味深い例である(1988年九段会館における G. Fauconnier の講演から借用)．

(34) New Chevy Sprint Turbo. A fast course in street smarts.

The regular Chevy sprint is already a secret weapon in the car wars. So imagine what happens when this little street hustler gets fortified with a megadose of Vitamin T, turbocharger.

There is a piranha loose in the goldfish bowl, that's what.

（ターボ搭載新型シボレー・スプリントカー．路上術速習講座．

標準型シボレー・スプリントカーはすでに車戦争の秘密兵器です．では，この小さなストリート・ハスラーがビタミンTの大量投与で強化されたらどうなるか想像してみて下さい．ビタミンTとは，ターボのことです．

まさに，金魚鉢の中にピラニアを一匹放した，といったところでしょう．）

ここでのターゲット領域はChevy Sprint Turboと他社の車の優劣が比較される自動車の集合の領域であり，これは変わることはない．一方，ソースは次々に変わっていく．最初のソースは車の販売合戦で，領域そのものが戦争のイメージで概念化されている．ここでは標準型のChevy Sprintが秘密兵器であるとされる．したがって，ターボエンジン搭載の新型シボレーはそれを上回る超秘密兵器であるということになる．次の文では，ソース領域は，街頭の勢力争いである．ここではシボレーはビタミンTの大量投与で強化されたハスラーになっている．ターボエンジンはビタミンTに写像されている．最後に，金魚鉢が導入され，ここではシボレーはピラニアになる．これらのフレームとの関係では，他社の車は，秘密兵器には対抗すべくもない役立たずの武器，ならず者に脅かされる無力な通行人や，ピラニアに襲われ，食われてしまう金魚として概念化され，GMのChevy Sprint Turboとの比較においては，徹底して弱者扱いされている．自動車の販売合戦，街頭の力の誇示，金魚鉢を個々に取り上げた場合，類似の構造を見つけだすのは難しい．これらの雑多なソース領域に統一を与えているのは，このメタファーを支える強者と弱者の関係を表す共通領域である．個々のメタファーは図式の一例にすぎず，想像力を働かせば，いくらでも続けることができる．

(e) 不変仮説：「来る」と構造保持

Lakoff(1987, 1990)は，メタファーによる写像は，ソース領域の認知的トポ

ロジーを保持するとして，これを**不変仮説**(Invariance Hypothesis)と名づけた．これは，メタファーによる変形が，要素間の相対的位置関係を変えず，したがって，要素の相対的位置関係に由来する認知構造を変えないということである．

とは言え，直感的にはソースの構造が保たれていると思えるメタファーでも，それを証明するのに，かなり複雑な議論を構成しなければならないこともある．「来る」の始動アスペクトを取りあげてみよう (坂原 1995)．

(35)　空が明るくなってきた．

移動動詞「来る」は，結果に焦点があり，タ形「来た」は，到着を含意する．「太郎が東京に来た」では，太郎は東京に着いている．ところが，移動が時間領域に写像された始動アスペクトでは，タ形であっても，変化は継続中で，完了していない．「空が明るくなってきた」では，「明るくなる」という変化は続いている．ソースでの移動の完了がターゲットでの変化の未完了に写像されるなら，どのようにソースの構造が保持されていると主張できるのか．

バスが視界に入ってきただけで，「バスが来た」と言える用法のあることに注目しよう．このときには，移動は未完了である．では，話し手の近くに到着していないバスが，なぜ「来た」と言えるのか．「来る」とは，話し手の近くに来ることであり，「ここ」に来ることである．「ここ」は，発話状況の関連性によって，話し手のごく近くから，地球全体にまで拡大できる．地球を侵略しようとして地球にやってきた異星人に対する発話「ここは住みにくいから，よその星に行って下さい」では，「ここ」が地球全体を指している．結局，「ここ」の役割は，話し手領域をそれ以外の領域から分けるだけで，狭くも広くもなれる．話し手領域が，視界全体に拡大されるなら，バスは見えただけで「来た」ことになる．この場合，話し手領域への到着は完了しているが，移動は完了していない．

「来る」の単純形で起こる話し手領域の拡大が，始動アスペクトでも起こると考えるのは，自然であろう．バスの視界への出現が「バスが来た」と表現できるなら，明るくなるという変化の出現が「明るくなってきた」と表現できて当然である．変化は，一見，未完了のように見えても，拡大された話し手領域には到着しているのであり，ソース「来る」の構造はターゲット「明るくなってきた」でも保持されている．

しかし，もう一つ，問題が残されている．「バスが来た」は，バスが話し手

の間近までやってきて，実際に移動が完了した場合にも使える．ところが，始動アスペクト「明るくなってきた」は，変化の完了を表すことはできない．これは，どのように説明したらよいのか．空間移動による話し手領域への到着には，「来る」という表現しかない．したがって，話し手領域が狭く取られようが，広く取られようが「来た」としか言いようがない．「明るくなる」という変化については，この語のタ形「明るくなった」がまさに変化の完了を表す．しかも，こちらの方が基本表現である．言語には**ブロッキング**という原則がある．この原則は，基本的な表現がある意味領域を表すなら，それより複雑な表現がその意味領域を表すことを禁止する．そこで，「明るくなった」という表現さえなければ，「明るくなってきた」は，話し手領域の取り方によって，変化の出現も変化の完了も表すことができたはずであるが，そうはならなかったのである．したがって，「バスが来た」に二つの解釈があるのに，「明るくなってきた」に一つの解釈しかないことも，一般原則から説明できる．こうして，一見，構造保持仮説の反例に見えるものも，適当な理論構成を行えば，反例でないことが説明できる．

3.5 ものと事件の概念化: 品詞と構文

(a) 品詞とプロトタイプ

伝統文法では，名詞は人やものや場所を，形容詞は性質を，動詞は動作を表すとされた．ところが，名詞には動作や性質を表す名詞（「動き」，「重さ」など）があり，動詞には動作でなく，状態を表す動詞がある．そのため，品詞は，意味によっては定義できず，統語特性によって定義すべきであると考えられることが多い．

しかし，それぞれの品詞に固有の意味特徴があるとする立場もあり得る．Croft (1991) は，品詞を意味的に特徴づけることが可能と考え，語彙のプロトタイプ（意味クラス）と，用法（統語・語用論的機能）のプロトタイプを設定する．名詞，形容詞，動詞の意味クラスは，順に，もの，属性，動作であり，プロトタイプ的用法は，順に，指示，名詞修飾，叙述である．

(b) 非プロトタイプ，超プロトタイプ

　それぞれの品詞は周辺的メンバーを含む．名詞の周辺的メンバーは，物質名詞や抽象名詞であり，複数になれないこと，冠詞がいらないこと(英語の場合)などに，非プロトタイプ的性格が現れている．形容詞の周辺的メンバーは，thirsty のように一時的状態を表す形容詞である．動詞では感情動詞や状態動詞，非人称の天候動詞などが周辺的メンバーである．

　一時的状態は，名詞，動詞，形容詞のいずれに対しても非プロトタイプ的である．非プロトタイプは，言語間で表現の仕方が大きく変わることがある．「喉が渇いている」は，日本語では動詞テイル形で表すが，英語では形容詞構文 to be thirsty，フランス語では比喩的所有関係 avoir soif(喉の渇きをもつ)で表わす．

　名詞や動詞がない言語は考えられないが，形容詞は，名詞や動詞に比べると，やや非プロトタイプ的な品詞で，ごく少数の形容詞しかもたない言語もある．Dixon(1982)によれば，形容詞のプロトタイプは大小，新旧，善悪，色を表す形容詞で，形容詞クラスの拡大には決まった順序がある．少数の形容詞しかない言語では，まずプロトタイプを表すものだけが形容詞になる．次に人間の性向(「賢い」，「ずるい」など)や物理的性質(「堅い」，「熱い」など)，速度(「早い」，「遅い」など)の形容詞がつけ加えられる．

　さらに非プロトタイプ的品詞が存在する．名詞と形容詞の間には，冠詞や指示詞などの名詞限定表現，数詞，「すべて」や「いくつか」や「ほとんど」などの限量詞のような中間的な品詞がある．また，助動詞，前置詞や後置詞などは，少数のメンバーしか含まない閉じられた文法カテゴリーをなす．助動詞は独立の動詞から動詞接辞への，前置詞や後置詞などは動詞や名詞から接辞への文法化の途上にあるカテゴリーである．フランス語やスペイン語の未来形活用語尾は，助動詞の接辞化が完了した例である．この場合は，助動詞的に使われた habere(「もつ」の意味のラテン語)が完全に形態的自立性を失って接辞化している．したがって，これらの言語では，英語の「have to ＋ 不定詞」とほぼ同じ構文から，未来形が発達してきたことになる．

　それぞれの品詞はプロトタイプと非プロトタイプを含むが，代名詞は，通常の名詞よりさらにプロトタイプ的であるため，「超プロトタイプ」的メンバーと

言われることもある．例えば，英語の名詞は格変化を失ってしまったが，代名詞だけには格変化が残っている．名詞が格変化をする言語でも，代名詞の格変化の方が，名詞の格変化より複雑に分岐している言語がたくさんある．

（c） 非プロトタイプ的用法

ある品詞のプロトタイプは単一の形態素で表されることが多いが，非プロトタイプには，語根に有標性の表示が追加される．家，イヌ，木などは典型的なものであり，house, dog, tree は単一の形態素からなるプロトタイプ的名詞である．一方，属性や動作は，ものとしては非プロトタイプ的であり，それを表す名詞には，-ness（形容詞からの派生語：sadness）や -tion（動詞からの派生語：education）などの派生語尾が付く．

名詞のプロトタイプ的用法はものを指すことであるから，このときには，特別な表示はいらない．しかし，名詞修飾（典型的には形容詞の役割である）に使われる名詞には，-'s や形容詞化語尾や前置詞が付く（例：vehicle's, vehicular, of the vehicle）．最後に，叙述（典型的には動詞の役割である）に使われる名詞には be が付く（例：be a vehicle）．

非プロトタイプ的用法は，プロトタイプ的用法より理解が難しい．形容詞が名詞修飾に使われた brown jacket はプロトタイプ的であり，jacket that is brown と言い換えられる．ところが，名詞が修飾に使われた record jacket は jacket that is a record ではなく，jacket that covers a record のようなもっと複雑な言い換えを要する．

派生名詞に関しても，動詞や形容詞からの派生名詞の意味は理解しやすいが，名詞からの派生名詞は理解しにくい．runner は one who runs, the rich は those who are rich のように比較的簡単に理解できる．しかし，machinist は man who is a machine ではなく，worker who operates a machine である．名詞からの派生動詞の意味の予測も困難である．house は「住居を提供する」だが，home は住む家を提供することでも，家庭を提供することでもなく，「家に帰る」（例えば，homing instinct は，鳩などの帰巣本能である．ついでに言えば，伝書鳩は homing pigeon と言う）ことである．

叙述は主語について何かを述べることだが，名詞には，主語が収まるべきスロットはあらかじめ用意されていない．そこで，叙述の解釈を満たすために，

述語名詞と主語名詞との間の何らかの意味関係を発見する必要がある．(36)では分類が，(37)では同定が，(38)では個別化の解釈が付け加わる．こうした解釈は，名詞の意味プロトタイプから直接出てくるわけではないから，理解は当然難しい．

(36) John is a teacher.
(37) The person that I like best is John.
(38) John is a thief! (= John acts like a thief.)

(d) 事件のステレオタイプ的概念化，動詞の意味分析と文法関係

　言語が基礎をおく常識的世界観では，世界には，まず，明確な境界をもち，他のものから空間的に切り離される自立的な個体が存在する．次に，個体は互いに作用しあう作用連鎖のネットワークを作る．Langacker(1991)は，この世界観をビリヤード・ボール・モデルと名づけた．この世界観では，作用とは力の伝達である．

　複雑にからみ合った作用連鎖のネットワークは，最初から時空間的に明確に個別化された事件によって構成されているわけではない．個別化された事件が出現して来るには，複雑な作用連鎖のネットワークから，ある部分を切り取り，個別化し，名付ける必要がある．動詞は，認知的にまとまりがあると見なされたために，作用連鎖から切り出され，個別化された単一事件を表す．事件のプロトタイプは，動作主が被動作主に働きかけ，被動作主に変化が起きる他動的使役構造である．図3.2のように，このプロトタイプ的作用連鎖の先頭にあって，力を供給する動作主は主語となり，作用連鎖の終端にあって，変化を被る被動作主は直接目的語となる．この図式には，動作主が表現されない(自動詞の場合)，動作主と被動作主が一致する(再帰構文の場合)，などさまざまな変形があり得る．

　次に，この作用連鎖に，他のさまざまな副次的意味役割が付け加わる．原因

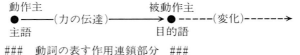

図3.2　作用連鎖での主語・目的語の関係

格は，動作主に行動を起こさせる動機を供給するので，連鎖上で動作主よりさらに上流に位置する．道具（具格）は，動作主の供給するエネルギーを受け取り，被動作主に伝えるので，動作主と被動作主の中間に位置する．その他，さまざまな意味役割は，作用連鎖上に図3.3のように配置される．この図で，動詞が本来的に焦点を当てる作用連鎖は，主語から目的語までの部分である．目的語より先か後かで，意味役割は**先行役割（先行斜格），後続役割（後続斜格）**と呼ばれる．

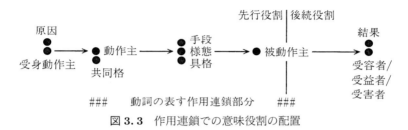

図 3.3 作用連鎖での意味役割の配置

興味深いのは，作用連鎖自身が，移動メタファーにより構造化されていることである．移動と作用連鎖はともに方向性をもつ．ソース領域の移動主体は，ターゲット領域の変化主体（被動作主）に写像される．移動の出発点は作用連鎖の原因に写像される．移動の到着点は結果に写像される．こうして，原因が出発点を表す from で，結果が到着点を表す to で表示される次のような例が成立する．

(39)　The rabbit died from thirst.

(40)　The house burned to cinders.

(e)　融合，複合動詞，作用連鎖の拡大縮小

図3.3に示された意味役割の位置関係は，さまざまな事実により正当化される．例えば，一つの格が複数の役割を表すようになる**融合**(syncretism)の現象は，先行役割同士，あるいは後続役割同士のように同一領域に属する要素間で起こりやすい．英語では，to は受容者と結果を，with は具格と共同格と様態を，by は手段と受身の動作主を表す．いずれの場合も，融合は後続役割同士，先行役割同士に起こっている．

(41)　a. John gave a book to Mary.（受容者）

b. His love turned to hatred.(結果)
(42) a. John shot Mary with a gun.(具格)
b. John lived with Mary.(共同格)
c. John loved Mary with passion.(様態)
(43) a. He has a daughter by his first wife.(手段)
b. Mary was shot by John.(受身動作主)

　動詞から名詞を派生する形態素の融合も先行役割同士あるいは後続役割同士に起こりやすい．例えば，英語では，builder(建築業者)と slicer(薄切り器)のように動作主と道具に対して同じ派生語尾を使う．日本語でも，本来的には動作を表す連用形が，「酒飲み」では動作主，「湯飲み」では道具を表す．

　複合動詞は，通常，単一の動詞で表現される連鎖を，二つの連鎖に分解して表現する．興味深いことに，二つの動詞の順序は，作用連鎖の方向性を遵守する．例えば，日本語の語彙的複合動詞は，「殴り倒す」や「連れ戻す」のように，最初の動詞が様態や手段を，次の動詞が結果や方向(経路)を表すものが多い(益岡・田窪 1989)．

　典型的な文法関係の割り当てでは，動詞は，動作主から被動作主までの作用連鎖を表現し，動作主を主語に，被動作主を目的語におく．ところが，動詞が表現する作用連鎖が伸びたり，縮んだりすれば，それに応じて，被動作主以外の役割が目的語に選ばれる．すると，目的語の位置に応じて，図3.3と異なる先行役割，後続役割の再配置が起こる．例えば，動詞の表す作用連鎖が具格にまで縮小し，具格が目的語となれば，被動作主は後続役割になる．すると，被動作主は後続役割の格表示を受ける．次のチェチェン・イングーシュ語(Chechen-Ingush，カフカス諸語)からの例は，そうした役割の再配置を示す．

(44)　　　da:s　　　woʔa:　　　γam　　j-iett
　　　父親：能格　息子：与格　杖：主格　殴る

チェチェン・イングーシュ語は能格言語であり，動詞の表す作用連鎖の終端を絶対格(あるいは主格)におく．したがって，通常は，他動詞の被動作主と，自動詞の動作主，被動作主が絶対格におかれる．ところが，(44)では，動詞の表す作用連鎖は具格(杖 γam)で終わってしまうので，被動作主(息子 woʔa:)は後続斜格になる．そのため，被動作主が，代表的な後続斜格である与格におかれているのである．

逆に，動詞の表す作用連鎖が被動作主を越えて延長されるなら，被動作主は先行斜格となる．次の(45)は，通常の文法関係の割り当てを表している．(46)は，作用連鎖が受容者まで延長され，受容者が目的語(her)になったために，先行役割となった被動作主は，先行斜格である具格(with food)におかれている．

(45) He provided food to her.
(46) He provided her with food.

(f) 適用，使役，受身，逆受身

作用連鎖モデルは，動詞の結合価を変える統語操作もうまく説明できる．動詞の結合価を変える代表的な統語操作には，次のようなものなどがある．

(1) **受身**: 動作主を斜格におき，項を一つ減らす
(2) **逆受身**(antipassive): 目的語(被動作主)を斜格におき，項を一つ減らす
(3) **適用**(applicative): 斜格を目的語に繰り上げ，項を一つ増やす
(4) **使役**: 使役者を付加して，項を一つ増やす

受身は，典型的には，作用連鎖の終端を主語におき，動作主を具格や地格などの先行斜格におく(ただし，ラテン語，フランス語などの非人称受身は，ただ単に自動詞の主語を斜格におくだけである)．受身は，動作の過程を表す場合と，結果だけを表す場合がある．過程受身(48)は，能動態(47)と同じ作用連鎖を表す動作述語であるが，結果受身(49)は，作用連鎖の結果部分しか表さない状態述語に変わっている．そのため，過程受身(48)は動作主(by John)や手段(by disabling the latch)と共起できるが，結果受身(49)は，原因格(thanks to John)とは共起できても，動作主や手段とは共起できない．

(47) John unlocked the door (by disabling the latch).
(48) The door was unlocked (by John/by disabling the latch).
(49) The door is unlocked (*by John/*by disabling the latch/thanks to John).

エスキモー(イヌイット)などに見られる逆受身は，他動詞の目的語を斜格におくことで，他動詞を自動詞化する．この構文は，被動作主を省略可能な随意的要素とすることで，動作自体に焦点を当てる．

受身は**対格言語**(自動詞主語と他動詞主語を同じ格(主格 nominative)におき，

他動詞目的語を別の格(対格 accusative)におく言語．日本語，英語など)に，逆受身は能格言語(他動詞目的語と自動詞主語を同じ格(絶対格 absolutive)におき，他動詞主語を別の格(能格 ergative)におく言語．エスキモー，グルジア語など)によく見られる．事件の概念化に関して，対格言語は動作主を，能格言語は被動作主を主要な役割と見なす．受身は被動作主を焦点化し，逆受身は動作主を焦点化する．被動作主を焦点化する操作が必要なのは，通常，動作主に焦点を当てる言語である．逆に，動作主を焦点化する操作が必要なのは，通常，被動作主に焦点を当てる言語である．そこで，受身が対格言語に，逆受身が能格言語に多いことが理解できる．

　アフリカ，南アメリカの言語に見られる適用は，具格，手段，様態，与格，受益者，移動経路などを直接目的語にする統語操作である．ルワンダ語(Kinyarwanda)では受益者があると，義務的に適用形になる．後続役割への適用は，動詞の表す作用連鎖を拡大する．被動作主は新たな目的語に対し先行斜格となるので，具格におかれることが多い．逆に，具格や手段などの先行役割への適用は，作用連鎖を短縮する．この場合は，ルワンダ語では，使役と同じ派生語尾を用いることで，作用連鎖の縮小を表示する．英語や日本語では適用はマージナルな統語操作であり，特別な派生語尾はとらないが，英語の例(46)や(71)や，日本語「山を歩く」(移動経路が直接目的語に組み込まれている)なども適用の例として分析できる．

　使役は，通常の作用連鎖の先に，新たな使役の作用連鎖をつけ加え，その新たな作用連鎖の先端を主語にする(図3.4)．多くの場合，被使役者＝動作主は目的語となる．しかし，日本語やフランス語のように，他動詞従属節の被使役者＝動作主を与格に，被動作主を目的語におく言語がある．

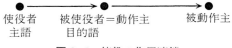

図 3.4　使役の作用連鎖

(50)　私はシャルルに花瓶を割らせた．

(51)　J'ai fait casser le vase à Charles.

被使役者＝動作主は被動作主より左にあるので，先行役割になるはずである．しかし，与格は後続役割であり，予想は外れる．ところが，詳しく見ると，与

格におかれるのは，意志をもつ動作主に限られる．彫像が倒れて，花瓶が割れたという事件は(52)や(53)のように表現できるが，彫像を何らかの手段で倒して，花瓶が割れるようにし向けた事件を(54)や(55)のようには表現できない．

(52) 彫像が花瓶を割った．
(53) La statue a cassé le vase.
(54) *私は彫像に花瓶を割らせた．
(55) *J'ai fait casser le vase à la statue.

とすると，使役構文の与格に別の分析が可能になる．この与格は，使役自身が導入した与格で，使役と授与のパターンが融合している(図3.5)．したがって，この与格はむしろ作用連鎖モデルを使った説明の反例になるというより，このモデルの説明力を示すものである．

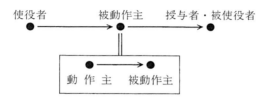

図3.5 授与のメタファーで解釈された使役

(g) 精神活動，所有関係

作用連鎖モデルは，すべての事態にうまく適合するわけではない．精神活動，所有関係，空間的位置関係などは，本来的な作用連鎖をもたない．しかし，メタファーは，こうした事態も作用連鎖モデルにより概念化し，作用連鎖モデルをさらに深く言語の中に浸透させる．

精神活動とは，ある刺激に対して，経験主体にある精神活動が起きることだが，変化や活動と表現されることもあれば，状態と表現されることもある．精神活動の動詞は，次の4種類に分類できる．

(1) 使役：刺激が経験者をある精神状態におく
(2) 始動：経験者にある精神状態の変化が起きる
(3) 活動：経験者がある精神活動を行う
(4) 状態：経験者がある精神状態にある

精神活動の経験者は，主語として表現されることもあれば，目的語になること

もある．英語で，経験者が主語になる動詞と，経験者が目的語になる動詞の代表的な例をあげるなら，次のようなものがある．

（A）like, admire, detest, fear, despair, enjoy, hate, honor, love, esteem

（B）please, scare, frighten, amuse, bore, astonish, surprise, terrify, thrill

精神活動を，作用連鎖モデルに合わせて，刺激が経験者にある精神状態を引き起こすプロセスと概念化すると，図3.6のような作用連鎖ができる．この図

図 3.6 精神活動のステレオタイプ

で，刺激から経験者への力の伝達を焦点化すると，please や madden のような使役タイプの精神活動の動詞が得られる．この場合，刺激が主語，経験者が目的語になる．次に，経験者の精神状態の変化だけに焦点をおくと，get mad at のような始動タイプの精神活動の動詞が得られる．この場合は，経験者が主語となる．刺激は斜格になることが多い．

使役タイプの動詞と始動タイプの動詞は，同一の動詞の他動詞と自動詞のペアになりやすい．次のフランス語の例では，(56)は使役タイプの他動詞が，(57)は始動タイプの自動詞的な再帰動詞が使われている．

(56) La lecture ennuie Paul.
（読書は，ポールを退屈させる．）

(57) Paul s'ennuie à la lecture.
（ポールは，読書に退屈する．）

精神活動には，刺激が経験者をある精神状態におくプロセスに加えて，経験者が刺激に注意を向けるプロセスが含まれる．そこで，精神活動の成立の主たる要因を，刺激ではなく，経験者とすることもできる．精神活動を経験者の意志的活動と概念化すると，think about や consider のような活動タイプの動詞が得られる．経験者は主語となり，動作主に近づき，それだけ図3.6のモデルから外れる．また，経験者が刺激に注意を向けるプロセスは，刺激自体には変化を引き起こさないので，作用連鎖モデルで解釈しにくい．そのため，活動タイプの動詞の構文は，特に不安定である．刺激は斜格になることが多いが，目的語となることもある．

最後に，精神活動を状態と見なすと，like や be surprised at のような状態タ

イプの精神動詞を得る．この場合，普通は，経験者が主語に，刺激は斜格や目的語におかれる．

　以上のように，精神活動の動詞は，使役，始動，活動，状態の4種類に分類できるが，精神活動の動詞は，同一言語内でも，また言語間でも構文の違いが大きい．また，経験者の表示の仕方が時代によって変わったりする．英語のthink は，現在は活動タイプであるが，かつては経験者が与格におかれる状態タイプの非人称動詞であった．

(58)　And yet me thinks I see it in thy face.　　(Shakespeare. Tempest)

　同じ事態を表すにも，刺激主語文と経験者主語文では，微細なニュアンスの差がでることがある．次の四つの英語の文はすべて状態を表すが，視覚の成立が主として刺激の特性(高さ)によるときは，(59)のように刺激主語文の方が適切だが，視覚が主に経験者の特性(視力)により成立するときは，(61)のように経験者主語文の方が適切になる．

(59)　This peak is visible for hundreds of miles.
(60)　?I can see this peak for hundreds of miles.
(61)　John can see the peak from here, but my eyes aren't good enough.
(62)　?The peak is visible to John from here, but my eyes aren't good enough.

　知覚主体が表現される経験者主語文(例: 私は東京タワーを見ている．)は，知覚を経験者の活動として表す．一方，知覚主体を表現しなくてよい刺激主語文(例: 東京タワーが見える．)は，知覚自体に焦点を当てる(西村 1996)．そこで，知覚された対象を形容する副詞は，視覚自体に焦点があり，刺激主語文には付けられるが，経験者主語文には付けられない．

(63)　東京タワーが小さく見える．
(64)　*東京タワーを小さく見ている．

　所有関係も本来的な因果関係ではないが，所有物を優先する解釈方略(possessed-first coercion)により，作用連鎖モデルで再解釈される．所有物が自動詞主語に，所有者が与格などの後続斜格になるラテン語の例(65)は，この概念化の上に成立している．

(65)　　　Mihi　　　　　filius　　　　est.
　　　　私には：与格　　息子が：主格　　いる．

日本語の所有文もこのタイプである．

しかし，所有を表すには，日本語「もつ」やhaveのように，所有者を主語として，所有物を目的語とする動詞も広く使われている．所有関係は，もともと作用連鎖での解釈に無理があり，作用連鎖への写像がそれだけ不安定になる．作用連鎖モデルの制約が弱まれば，われわれは物よりも人間に共感を感じやすいので，所有者(典型的には，人間である)に焦点をおく構文を選びやすくなるのである．

空間の位置関係も，作用連鎖ではない．しかし，位置関係の図(figure，焦点)と地(ground，背景)の間の認知的非対称性に，作用連鎖の非対称性が重ね合わされ，図が先に来て，地がそれに続くというメタファー的作用連鎖として概念化される．これは，(66)のように表されるが，動詞の表す部分が地にまで拡張されると，地が目的語となり，(67)のような例を成立させる．同様の関係は，(68)と(69)の例にも見られる．

(66) The meat is in the freezer.
(67) The meat occupies the freezer.
(68) The natives live in the outlying area.
(69) The natives inhabit the outlying area.

この概念化のもとで，(70)は，動詞sprayが表す作用連鎖が図であるpaintまでにしか及んでいない例として分析できる．一方，(71)は，動詞sprayの表す作用連鎖が延長されて地であるwallまで及んだために，wallが目的語の格表示を受け，paintは先行斜格の格表示を受けた例として分析できる．

(70) Jane sprayed paint on the wall.
(71) Jane sprayed the wall with paint.

こうした例は，特別な派生語尾をとらない適用の例として分析される．位置関係に関しても，例外的に，地を主語として，図を目的語とするcontainのような動詞も存在する．

3.6 結　論

生成文法は，統語現象に対する新しい見方を可能にし，言語学をきわめて興味深い研究分野にしたが，意味研究については，必ずしも有効な研究方略を示

すことはできなかった．言語に対する認知的アプローチは，その限界を乗り越え，意味に対する新たな研究方法の模索から始まり，言語全般に対する新しい見方を可能にした．その基底にある主張は，すべての言語形式にはそれに対応する認知プロセスが存在し，そうしたプロセスに注目することでより適切な言語についての理解が得られるという考え方である．

　われわれの概念化は，認知機構の制約から自ずと適当な範囲に収まるとはいえ，同時にかなりの自由度が残されている．普遍文法は，認知機構の制約を通り抜けてきた，多様な概念化方略の総体である．一方，個別言語は必要に応じてそこから適当な選択をすることで成り立っている．したがって，多様な言語現象の研究は，同時に概念化の多様性とそれに課せられた制約を明らかにし，最終的には人間の認知過程に対する理解の鍵を与える．言語学の目標が人間の思考の解明であるなら，言語研究は，遅かれ早かれ，認知的アプローチに向かわざるをえない．

第3章のまとめ

3.1　生成文法は，統語論では華々しい成果を収めたが，意味研究ではそれに匹敵する成功を収めることはできなかった．認知意味論は，意味に対するより適切な研究方法を求め，言語研究を人間の認知プロセスに関連させることで，言語研究に新たな側面を開いた．

3.2　認知的アプローチの特徴は，次の通りである．(1)理論は認知的観点から自然なものでなければならない，(2)言語能力は自律的でなく，他の認知能力と協同して働くと仮定する，(3)理論に対する過度の予測能力を期待せず，傾向の記述で満足する，(4)全体が単なる要素の集まりであるという還元主義を否定する．

3.3　自然言語のカテゴリーは，プロトタイプ的カテゴリーである．トートロジーは，カテゴリーがプロトタイプ的であるからこそ，存在できる．言語表現に対しては，プロトタイプ理論による説明が有効であり(プロトタイプ意味論)，背景的知識も考慮する必要がある(フレーム意味論)．一つの表現が一つのカテゴリーを表すと考えた場合，カテゴリーの拡張は非常に人間的，創造的である．

3.4　メタファーは，すでに獲得した知識を使って，別の領域をすばやく構造化し，理解を容易にする認知方略である．メタファーが内包する視点は，ときとして理解すべき対象を不適切に概念化させる．最近になり，共通領域などを使う多

領域モデルが提唱され，メタファーの理解が一段と進んだ．メタファーは，もとの領域の構造を保持する性質がある．

3.5 プロトタイプ理論は，品詞や統語現象に対しても有効な説明を与える．品詞は，中心的メンバーと周辺的メンバーからなるプロトタイプ的カテゴリーであり，中心的であるか周辺的であるかの違いは，さまざまな仕方に反映される．また，事件のステレオタイプとして，個体の間のエネルギー伝達モデルを考えることで，多様な統語現象が説明できる．

3.6 言語が人間の認知を反映する以上，言語学が，言語の研究を通して人間の思考の解明を目指すなら，認知的アプローチを採用する必要がある．

4
意味と計算

4 意味と計算

【本章の課題】

　本章では，計算言語学（自然言語処理）および人工知能の分野で発展してきた意味と概念の表現とその上の計算機構について述べる．意味の問題は，計算言語学では語の意味表現および構文構造と意味の関連として，人工知能では概念あるいは知識の表現の問題として，研究が進められている．これらの研究分野はコミュニティを異にしながらも互いに影響を与えつつ発展してきている．まず，それぞれの従来の研究の流れを概説し，続いて最近の語彙意味論に関する話題を説明することにしよう．意味を表すために必要な基本要素はいくつかの側面に分けて考えることができる．基本的な意味の一つは個体的な概念を表す名詞的意味であり，もう一つは動作的な概念である動詞的意味である．さらに言語表現の意味を規定するにはテンス（tense）やアスペクト（aspect）などの時間に関する意味，話者の態度や様態を表す法（mood）に関する意味などがあるが，ここでは，名詞および動詞的な概念の意味に限定して意味の規定に関連する話題の説明を行う．時間や法に関する意味はこれらとは独立して研究が行われており，計算言語学や人工知能というよりは，言語学あるいは論理学の分野でまとまって論じられることが多いからである．意味を表現し操作するための記述法と機構の説明を行い，深い意味の記述が言語の振る舞いを適切に予測することを可能にすること，さらに，コンピュータによる語彙知識の獲得にも貢献することを説明する．なお，本巻の他の章との重複を避けること，および紙数の制限のため，決して概念的意味の網羅的な説明ではないことを最初に断っておく．

4.1 自然言語処理における意味の取り扱い

　自然言語処理においては，形態素解析と統語解析の研究に比較して意味処理および談話処理に関する研究は少ない．また，意味に関する研究も統語解析における曖昧性を解消するための情報としての利用などが中心で，意味そのものの研究はあまり進んでいない．そもそも意味とは何かという定義自身が定まっていないのもその原因の一つである．モンタギュー文法や状況意味論など言語に関する論理的な意味の理論は独自に発展しており，第2章で詳しく述べられているので，ここではそれ以外の側面について眺めていきたい．

　本節で紹介するのは，動詞や形容詞などの用言の意味に関連した事項である．基本的な文は動作や状態を表す一つの用言を中心に構成される意味をもつ．用言は少なくとも一つの**述語**(predicate)を表し，引数としていくつかの**項**(argument)をもつ．文法関係としての項構造の詳細については第5巻第3章に述べられている．本節では意味処理の観点から動詞の意味表現について説明する．

　名詞の意味表現については，従来あまり深い研究は行われていなかった．荒い意味分類（人間，動物，抽象物など）のみを行い，それらに**意味マーカ**(semantic marker)あるいは**意味素性**(semantic feature)と呼ばれるラベルを付け，個々の名詞にそのラベルを与えることによって意味的な区別を行うか，第3巻第4章で紹介されているように，語を意味的類似関係によって階層構造に配置した**シソーラス**を利用するなどの方法がとられてきた．後の語彙意味論についての節(4.3節)で名詞に関する最近の意味的な取り扱いについて述べる．

(a) 格文法と格フレーム

　C. Fillmore が提案した**格文法**(Case Grammar)(Fillmore 1968)では，用言が名詞概念との間にもつ意味的な関係を**深層格**(deep case)と呼び，それらが組み合わされて動詞が現れ得る環境を定義する記述を**格フレーム**(case frame)と呼んだ．表層の構造は深層格から派生されるとし，そのための規則が設定された．表層構造として見える主格や目的格などは**表層格**(surface case)と呼ばれる．

格フレームの考え方は，言語処理のための動詞の表現として極めてわかりやすいため，自然言語処理において広く用いられている．特に，統語構造に関して語順の制約が緩い日本語では，格フレームに基づく言語解析は標準的な方法になっている．格フレームは，基本的には格の集合（それぞれを**格スロット** (case slot) と呼ぶ）とそれぞれの格に対する選択制限という二つの要素から構成される．

格構造 (case structure)：用言がもつ格スロットの集合．表層格と深層格との対応，およびそれぞれの表層格が**義務的** (obligatory) か**随意的** (optional) かの記述

選択制限 (selectional restriction)：それぞれの格スロットについて，それを埋めるべき名詞概念に対する意味的制約を記述

例えば，「買う」という動詞の格フレームは下のように表現し得る．ただし，第1列が表層格，第2列が深層格，第3列が選択制限を表す．また，場所を表す「で」格は随意的な格として括弧で括って表現した．Fillmore の格文法では，表層格は深層格構造から派生して得られると考えており，格文法がこのような記述をしているのではない．言語処理の分野では，このように表層格，深層格，選択制限が結合された表現を格フレームと呼んでいる．

$$\begin{bmatrix} 買う & & \\ が: & [Agentive]: & human \\ を: & [Objective]: & physical\_object \\ (で): & [Locative]: & shop \end{bmatrix}$$

日本語では，表面的な格の省略は頻繁に起こるので，義務的な格（**義務格**）と随意的な格（**随意格**）を統語上区別する必然性はない．動詞にとって義務格は意味的に必須の格と考え，辞書中のその動詞の語彙記述に直接記述するが，随意格はより広い動詞のクラスに共通な格として記述されることもある．なお，義務格，随意格は，それぞれ**必須格**，**任意格**と呼ばれることもある．どれだけの深層格を考えればよいかは，格文法自身歴史を経て変わっており，格フレームの考え方を用いて言語処理システムを構築している研究者によっても異なる．代表的な深層格の一覧を表 4.1 に示す．

このような記述を動詞ごとに与えることにより，例えば「買う」という動詞には，人間とある物体が動作主体および対象として存在し，その動作が店で起

表 4.1　代表的な深層格の例

動作主格	Agentive	動作を引き起こす主体
対象格	Objective	動作の影響を受ける実体
道具格	Instrumental	動作・状態の物理的原因
経験者格	Experiencer	心理的影響などを受ける実体
場所格	Locative	動作の空間的な位置や方向付け
起点格	Source	移動の開始点
目標格	Goal	移動の終了点
時格	Time	動作・状態の生起する時刻

こるということがわかる．動詞と意味的な関係をもち得る名詞の格とその意味制約がわかることによって，言語解析における曖昧性の解消にも格フレームは有用である．

(b)　概念依存

格フレームに代表されるような，動詞とその格に現れる名詞との関係を平板に記述した意味表現では，言語の理解に必要な多くの要素が記述できない．例えば，異なる動詞の間の意味的な関係であるとか，それぞれの格に収まる名詞概念の間の関係などを記述する機構を与えていない．R. C. Schank が提案した**概念依存**(Conceptual Dependency)という構造は，次のような二つの要求を満たすための概念表現である(Shank 1972)．すなわち，動詞が表す動作と名詞の間のより詳細な意味関係の表現が必要であること，および異なる言語表現が同じ意味を表すのであればそれらは同じ意味表現によって表されなければならないという要求である．

概念依存は，基本的な動作を表す 11 個の**基本的行為**(primitive act)と，それらと名詞概念の間の関係を記述するための基本要素から構成される．例えば，所有権などの抽象的な関係の移動を意味する基本的行為 ATRANS を用いて，"John gives Mary a book." という文の意味を記述したものを図 4.1 に示す．図中の二重矢印 ($\Longleftrightarrow$) は，行為主体であることを示す．また，'⟵ᵒ' は行為の対象を，右端の John から Mary に引かれた矢印は行為に関連して発生する移動の対象と方向を表している．つまり，この表現が意味するところは，「John が主体となって book を対象とする所有権の移動が起こり，その方向は

John から Mary である」ということである．同じ表現を図 4.2 の左の例のように記述することもできる．図 4.2 の右は，"Mary gets a book from John." という文の概念依存表現である．二つの表現が，行為主体が異なることを除いて，同じ内容を表していることがわかる．

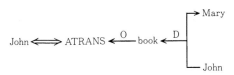

図 4.1　概念依存の図解

```
actor: Mary              actor: Mary
action: ATRANS           action: ATRANS
object: book             object: book
direction : TO Mary      direction : TO Mary
          FROM John                FROM John
```
"John gives Mary a book."　　"Mary gets a book from John."

図 4.2　概念依存の記述例

このように概念依存にも格フレームと同様に概念が挿入されるスロットが存在する．概念依存を用いた言語解析では，予測（expectation）に基づく文解析という方法がとられ，スロットに埋めるべき要素を文中から探すことによって意味主導の解析が行われた．概念依存を用いることの利点は，このような意味情報に基づいた柔軟な解析が可能であること，および，少数の基本的行為によって意味を記述するために，行為の類似性や行為間の意味的な関係を（個々の動詞に対して記述するのではなくて）少数の規則によって記述することができることである．

表 4.2 に 11 個の基本的行為の一覧を示しておく．

(c)　単一化文法

概念依存に基づく言語解析は意味表現である概念依存構造のスロットを埋める要素を文中から探すことによって行われるため，柔軟な解析を可能にするものの，処理自体は手続きの集合からなり，決して見通しのよいものではない．語順や構造の制限は言語によって異なり，それらを考慮して文解析の手続きの

表 4.2 概念依存の基本的行為の一覧

ATRANS	所有権などの抽象的な関係の移動
MTRANS	心的情報の移動
PTRANS	物体の物理的な位置の移動
INGEST	動物が物体を自身の中に取り込むこと
EXPEL	動物が物体を内側から外へ放出すること
GRASP	行為者が物体をつかむこと
MOVE	動物が身体(の一部)を移動すること
PROPEL	物理的な力を物体に与えること
MBUILD	古い情報から新しい情報を作り出すこと
SPEAK	音を作り出す行為を行うこと
ATTEND	刺激などに対して注意を向けること

記述を行わなければならない．

言語の統語構造と意味構造を統合的に扱う方法として，**単一化に基づく文法**(unification-based grammar)がある．その中で，**語彙機能文法**(Lexical Functional Grammar, LFG) (Kaplan & Bresnan 1982)と**主辞駆動句構造文法**(Head-driven Phrase Structure Grammar, HPSG) (Pollard & Sag 1994)によって用言の項構造がどのように扱われるかを見よう．

語彙機能文法(LFG)

LFG は，文の構成要素間の統語関係を記述する **c–構造**(c-structure)と意味内容に相当する機能関係を表す **f–構造**(f-structure)からなる．c–構造は，句構造の文法規則を記述しており，それぞれの文法規則がどのような f–構造を構成するかを指定する**注釈**(annotation)が添付されている．句構造文法には効率よい解析アルゴリズムが多く提案されており，機械処理に向いているので，LFG を用いて言語解析システムを開発している例は多い．

LFG において統語情報と意味情報がどのように関係付けられるかを例によって見てみよう．動詞の語彙情報は次のように記述される．

go:　　　　V　(↑ PRED) = 'GO⟨(↑ SUBJ)⟩'
promise:　　V　(↑ PRED) = 'PROMISE⟨(↑ SUBJ)(↑ OBJ)(↑ XCOMP)⟩'
　　　　　　　　(↑ XCOMP SUBJ) = (↑ SUBJ)
　　　　　　　　(↑ XCOMP TO) $=_c$ +
persuade:　　V　(↑ PRED) = 'PERSUADE⟨(↑ SUBJ)(↑ OBJ)(↑ XCOMP)⟩'
　　　　　　　　(↑ XCOMP SUBJ) = (↑ OBJ)
　　　　　　　　(↑ XCOMP TO) $=_c$ +

それぞれの1行目のPREDは，動詞がどのような項構造を持つかを示している．例えば，goについては，一つの項をもち，その値が上位のf–構造（文全体の構造）のSUBJというスロットと一致するということである．同様に，promiseとpersuadeは，三つの項をもち，それぞれが上位の構造のそれぞれの名前のスロットと一致する．ここで，"="は，正確には等しいという意味ではなく，**単一化可能**(unifiable)であるということである．単一化の定義は後の節で行うが，変数への適当な値割り当てを行うことによって両者を同じ値にし得るということ，および実際に両者を等しくする最低限の代入を行うことを意味している．promiseとpersuadeの3行目の"$=_c$"は，値に対する制約という意味であり，上位の構造のXCOMPというスロットの中のTOというスロットが"+"という値をもっていなければならないということ（つまり，to–不定詞句でなければならないこと）を示している．この両者の動詞の表現で異なるところは，2行目の記述だけである．promiseについては，XCOMP内のSUBJの値(to–不定詞句の主格)が上位の構造のSUBJ（文の主格）と一致するということ，一方，persuadeでは，上位のOBJ（文の目的格）と対応することが記述されている．次の二つの文は統語的にまったく同じ構造をしているが，"go"の意味的な主語は，前者ではJohnであり，後者ではMaryである．promiseとpersuadeの内部構造の違いによってそれがうまく記述されている．

　　John promised Mary to go.
　　（Johnが「Johnが行く」ことをMaryに約束）
　　John persuaded Mary to go.
　　（Johnが「Maryが行く」ことをMaryに説得）

promiseとpersuadeの記述を**素性構造**(feature structure)と呼ばれる素性名

4.1 自然言語処理における意味の取り扱い

(スロット名)と値の対として表記し，単一化されて同じ値をもつべき値を同じ変数(X,Y など)で表すと (1) (1)' のように書くことができる．

(1) $\begin{bmatrix} SUBJ & X \\ PRED & \text{'}PROMISE\langle X,Y,Z\rangle\text{'} \\ OBJ & Y \\ XCOMP & Z\begin{bmatrix} SUBJ & X \\ TO & + \end{bmatrix} \end{bmatrix}$

(1)' $\begin{bmatrix} SUBJ & X \\ PRED & \text{'}PERSUADE\langle X,Y,Z\rangle\text{'} \\ OBJ & Y \\ XCOMP & Z\begin{bmatrix} SUBJ & Y \\ TO & + \end{bmatrix} \end{bmatrix}$

図 4.3 に注釈つきの文法規則の例と統語解析結果(c–構造)の例を示す．文法規則(**c–構造規則**)は，句構造文法の規則とそれぞれの構成要素がもつ f–構造

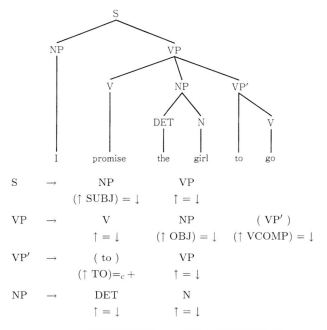

図 4.3 語彙機能文法の c–構造と文法規則の例

がどのように関連しているかを示している．例えば，先頭の規則の NP の下の注釈 "(↑ SUBJ) = ↓" は，NP のもつ f–構造 (↓) が上位の構造である S の f–構造 (↑) 中の SUBJ のスロットと同じ (単一化可能) であることを示している．上矢印，下矢印の意味は，統語解析木中の位置関係から直感的に理解できるだろう．この木にしたがって，語がもつ f–構造をまとめ上げることにより，(2) のような f–構造が得られる．読者は，動詞以外の語にどのような f–構造が割り当てられていたかを推測しながら，f–構造の構成の過程を追ってみてほしい．また，promise の主格と XCOMP の中に埋め込まれた go の主格が一致していることに注意してほしい．

$$
(2) \begin{bmatrix} SUBJ & \begin{bmatrix} SPEC & THE \\ NUM & SG \\ PERS & 1ST \end{bmatrix} \\ PRED & \text{`PPOMISE}\langle(\uparrow SUBJ)(\uparrow OBJ)(\uparrow XCOMP)\rangle\text{'} \\ OBJ & \begin{bmatrix} SPEC & THE \\ NUM & SG \\ PRED & \text{`GIRL'} \end{bmatrix} \\ XCOMP & \begin{bmatrix} SUBJ & \begin{bmatrix} SPEC & THE \\ NUM & SG \\ PERS & 1ST \end{bmatrix} \\ PRED & \text{`GO}\langle(\uparrow SUBJ)\rangle\text{'} \\ TO & + \end{bmatrix} \end{bmatrix}
$$

LFG 自身は，PRED で示される意味に相当する部分の詳細についてはほとんど取り扱っていないが，PRED の値である述語の引数に意味的な制約を書くことにより選択制限を簡単に実現することができる．このように LFG では，語の意味記述と統語的な情報との関係を単一化を用いることによって自然に記述することができる．

動詞がもつ項構造は，PRED 素性がもつ述語の引数として表されているが，その中で，統語的にも意味的にも義務的な格に相当するものを**統率可能な文法機能** (governable grammatical function) と呼ぶ．文が適格であるためにはこれらが満たされなければならないが，LFG の c–構造ではそれが明示的に指定できない．そのため，文が適格であるための条件として，構成された f–構造に対

して次のような三つの制約を課している．

- **唯一性条件**(uniqueness condition)：同一の素性が一つのf–構造中に2カ所以上現れてはならない．
- **完全性条件**(completeness condition)：PREDの述語がもつすべての統率可能な文法機能がf–構造に含まれなければならない．
- **一貫性条件**(coherence condition)：f–構造が含むすべての統率可能な文法機能がPREDの述語に含まれていなければならない．

これらの制約は一見複雑に見えるが，言い換えれば，**唯一性**は同じ表層格が二つ以上現れないこと，**完全性**は意味的な義務格が統語上現れていること，**一貫性**は意味的に認められないものが統語上現れてはならないことを言っている．なお，promiseなどの例からもわかるように，素性構造は階層的にいくらでも深い構造が許されるので，f–構造が適格であるためには，上の条件がすべての内部構造で満たされる必要がある．

主辞駆動句構造文法(HPSG)

HPSGでは言語のあらゆる構成素が素性構造で記述される．LFGのc–構造のような文法規則は存在せず，句構造を規定した少数の**原型**(schema)と，句が他の句と結び付いてより大きな句を作る際に成り立たねばならない**原理**(principle)が存在するだけである．動詞はどれだけの項を取るかによって下位分類できるという意味で，項構造による分類を**下位範疇化**(subcategorization)というが，HPSGでは語がもつ下位範疇化情報によってその統語的な振る舞いが規定されていることになる．語や句は，統語および意味情報を記述するSYNSEMという素性をもつ．以下の記述では，SYNSEMの値のうち説明に必要最小限の部分だけを示す．CAT | SUBCATは，統語範疇情報の中の下位範疇化情報の値を指し，CONTENTは意味情報を指す．(3)は"eat"，(4)は"promise"の記述である．

$$
(3) \begin{bmatrix} \text{CAT} | \text{SUBCAT} \ \langle \text{NP}_{\boxed{1}}, \text{NP}_{\boxed{2}} \rangle \\ \text{CONTENT} \begin{bmatrix} \text{RELATION} & eat \\ \text{EATER} & \boxed{1} \\ \text{EATEN} & \boxed{2} \end{bmatrix} \end{bmatrix}
$$

(4) $\begin{bmatrix} \text{CAT} \mid \text{SUBCAT} \ \langle \text{NP}_{\boxed{1}}, \text{NP}_{\boxed{2}}, \text{VP}[inf, \text{SUBCAT} \ \langle \text{NP}_{\boxed{1}} \rangle] : \boxed{4} \ \rangle \\ \text{CONTENT} \begin{bmatrix} \text{RELATION} \quad promise \\ \text{PROMISER} \quad \boxed{1} \\ \text{PROMISEE} \quad \boxed{2} \\ \text{SOA-ARG} \quad \boxed{4} \end{bmatrix} \end{bmatrix}$

SUBCAT は項の情報を表すリストであり，英語では第 1 項が主語となる要素，第 2 項以降はその他の格要素を表す．最近は主語と他の要素を別に扱い，SUBJ および COMPS 素性によってそれぞれを表現するが，ここでは区別しない表記を用いた．例えば，日本語ではそれらを区別する積極的な理由はない．$\boxed{1}$ などは変数であり，同一の値を共有する部分を示している．(3)からは，"eat" が二つの名詞句を項としてもち，それぞれが CONTENT 内の EATER，EATEN という深層格に対応していることがわかる．ただし，深層格に入るのは名詞句全体ではなく，その名詞句が指示している対象である．$\boxed{1}$ などが NP の添字として現れているのはそれを示す略記法である．"promise" については，三つの項を取ることが SUBCAT の内容からわかる．さらに，三つめの項が不定詞句 (inf) であって，その主語(VP の中の SUBCAT の値)が $\boxed{1}$ と一致すること，すなわち，promise の主語と同じであることがわかる．意味構造である CONTENT の内容は，統語的な主語と目的語がそれぞれ約束者(PROMISER)と被約束者(PROMISEE)になること，さらにどういう事態(SOA-ARG)を約束したかという内容が promise の第 3 引数である VP によって表される意味内容であることを示している．($\boxed{4}$ は，VP の CONTENT の値をさしている．(4) の 1 行目の ':' は，それを表す略記法である．) もう読者はおわかりであろうが，persuade ではこの VP の SUBCAT の中身が NP$_{\boxed{2}}$ となるところが promise と異なる訳である．

HPSG では，句が補語(complement)と結び付く場合には**下位範疇化原理**という原理が働き，補語は SUBCAT の要素と単一化されて，そのリストから除かれる．文が適格であるためには，動詞の SUBCAT の要素がすべて取り除かれていなければならない．つまり，SUBCAT 素性によって指定されたものだけが補語として許され，それらがすべて満たされなければならないことで，LFG での適格性の条件である完全性，一貫性の条件は自然に満たされる．また，同一の深層格要素が入り込むことはありえないので，唯一性の条件も別に設定す

る必要はない．これらの条件は素性構造のあらゆるレベルで満たされる．例えば，promise が補語としてとる不定詞句の SUBCAT の値が 1 要素のリストからなるのは，その不定詞句が補語として満たされるためには主語以外のすべての要素が満たされていなければならないということを示している．

HPSG は，Pollard & Sag(1987) では意味表現として状況意味論(第 2 章参照)を用いることになっていたが，その後，意味に関してはあまり議論されていない．LFG も同様に述語による表現以上の提案がないが，現実の自然言語システムに応用するように意味的な選択制限などを記述するために拡張することは容易に行うことができる．意味を表現するための方法として人工知能の分野で様々な知識表現法が提案されているが，LFG や HPSG で用いられている単一化とまさに同じ機構に基づくものが一つの流れになっている．次節ではそれを紹介する．

4.2 知識表現

知識の表現とそれを用いた推論は，人工知能における基本的な問題である．概念を表現する宣言的な知識としては，**意味ネットワーク**や**フレーム理論** (Minsky 1975) が代表的な方法であった．意味ネットワークでは概念を表す節点が概念間の関係を表すリンクで結ばれ，概念の意味は他の概念とどのような関係をもつかによって定義されると考えられた．フレーム理論では，概念は様々な属性とその値の対の集合として定義され，特別な属性関係として **IS-A 関係**(概念の上位下位関係)や **PART-OF 関係**(部分全体関係)などが考えられ，属性の情報を上位から下位へ継承(inherit)すると定義された．属性とは，格フレームの格スロットや素性構造の素性にちょうど対応している．IS-A 関係による階層構造は **IS-A 階層**，**タイプ階層**あるいは**クラス階層**とも呼ばれる．

フレーム理論を実現した初期のシステムは，その論理的な意味付けは考慮せず，スロットの値を決めるための手続きが記述されたり(**手続き付加**)しており，一種のプログラミング言語であった．その後，推論との関係で論理的な意味が取りざたされ，手続き的な部分を除けば，フレームは単に論理の記法上の変形に過ぎないと議論された(Hayes 1979)．同様に意味ネットワークもフレームの属性をリンクと考えれば，本質的な違いはなく，論理と意味ネットワークの同

等性 (Delliyanni & Kowalski 1979) などが話題になった．

(a) KL–ONE, Krypton

意味ネットワークやフレームのようなグラフ的な知識表現と論理との見事な融合を実現したのが **KL–ONE** (Brachman & Schmolze 1985) であり，それ以降の様々な知識表現法に影響を与えた．考案者本人たちは意味ネットワークと呼んでいるものの KL–ONE はフレーム型の知識表現言語の一種であり，概念の上位下位関係を表す IS–A 階層，および，それぞれの概念がもつ属性（KL–ONE では**役割**(role) と呼ぶ）の集合が表現の基本要素となっている．IS–A 階層の簡単な例と概念表現の例を図 4.4 と図 4.5 に示す．

図中の二重矢印は下位概念から上位概念へのリンクを表している．図 4.4 からわかるように，階層構造は必ずしも木構造である必要はなく，いわゆる多重継承（複数の上位概念をもつこと）を許している．概念がもつ役割情報は，上位から下位へ継承される．図 4.5 では，PRIVATE MESSAGE が MESSAGE の下位概念であるので，MESSAGE がもっている情報が継承される．MESSAGE から出ている二重矢印以外のリンクは，役割を表している．例えば，Sender という役割名を経由して PERSON という概念につながるリンクは，その役割が取る値が PERSON という概念であること，および，その値を埋める個体の数が '(1, NIL)' すなわち 1 以上で制限がないことを示している．役割に対するこのような制約は**値制約**(value restriction)，**数制約**(number restriction) と呼ばれている．さて，PRIVATE MESSAGE は，MESSAGE がもつ役割を継承す

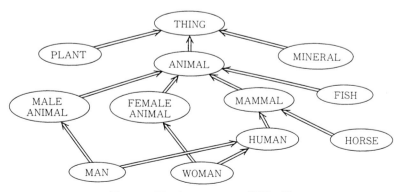

図 4.4　KL–ONE の IS–A 階層の例

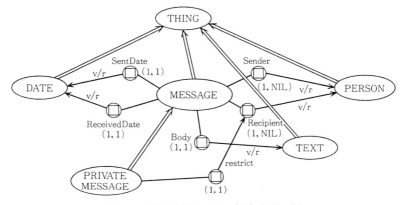

図 4.5　KL–ONE による概念表現の例

るが，PRIVATE MESSAGE から Recipient という役割へ向かうリンクがあり，これが継承に対する追加の制約を表している．具体的には，数制約が '(1, 1)'，すなわち受け手がただ一人であることが追加されている．値制約はそのまま継承されることに注意してほしい．

　KL–ONE には，知識を記述するためのその他多数の記法が導入されているが，重要なのは，論理的な意味論に忠実にシステムを構築したことである．KL–ONE のそれぞれの概念は意味ネットワークと同様に他の概念とのリンクの関係によって意味を取ることもできるが，IS–A リンクを論理的含意と見ることによって，論理的な意味を与えている．

　KL–ONE は，概念に関する意味を記述するための豊かな記法を提案したが，細かな命題的な記述を行うことはできない．KL–ONE の発展形として提案された **Krypton**(Brachman et al. 1983) は，語彙レベルの記述を行う部分（**T Box** と呼ばれる）と命題レベルの記述を行う部分（**A Box** と呼ばれる）に分かれ，T Box には KL–ONE を用い，A Box には KL–ONE の概念や役割を述語名や項として取る一階述語論理を用いた．(T と A は，それぞれ terminology と assertion の頭文字である．)

　一階述語論理の推論体系である**導出原理**(resolution principle) は，基本的には，互いに矛盾し合う事実同士を打ち消し合うことによって進む推論（導出原理の推論は，$A \vee B$ と $\neg B \vee C$ から $A \vee C$ を導く演算）であるので，導出原理に必要な相矛盾する事実を KL–ONE 上のグラフ探索によって行うことで論理

的な演算を自然に実現した．ただ，Krypton ではあらゆる可能な推論を行う訳ではなく，ある程度限定された形の質問にのみ答えられるシステムとして実現された．

このように語彙レベルと命題レベルを分離した知識表現のアーキテクチャは，決して一階述語論理以上の記述力を実現するものではないが，見通しのよいシステムとして歓迎され，以後，**ハイブリッド型の知識表現法**として定着した考え方になっている．

(b)　ψ 項

ハイブリッド型の知識表現法は，意味ネットワークやフレームのようなグラフ的な知識表現に述語論理の記述力と推論能力を持たせる方向での拡張だった．一方，Prolog に代表される論理型言語の世界では，**確定節文法**(Definite Clause Grammar) や PATR のような単一化に基づく**文法記述言語**(Shieber 1986) が考え出され，言語処理のための拡張が施された．述語論理における単一化は変数に最低限の代入を行って二つの項を同一の値にする操作であるが，この項を拡張して記述力を増すというのは自然な考え方である．

LogIn (Aït-Kaci & Nasr 1986) という言語は，ψ 項 (ψ-term) というタイプつきの素性構造を用いて Prolog を拡張した言語である．ψ 項は，次の 3 種類の要素から成るとされる．

(1)　**タイプ構成子** (type constructor)：概念およびその階層関係を定義する．タイプ構成子の間に概念の上位下位関係を表す半順序関係が定義されている (概念の階層関係)．

(2)　**アクセス関数** (access function)：属性関係を表す．属性名と値の対．属性の値は任意の ψ 項を取る．

(3)　**同値制約** (equational constraint)：同一の指示物を表す．論理変数と同じ．

タイプ構成子とは，KL-ONE の概念に相当し，図 4.4 のように上位下位の階層関係が定義されているとする．アクセス関数は，属性あるいは素性と呼んできたものと同じである．同値制約は，HPSG の変数と同じく単一化されるべきものを指示する．例えば，次の ψ 項の例を見てみよう．ここでは，**person**, **id**, **string** がタイプ構成子，name, first, last, spouse がアクセス関数，S, X が

同値制約を示す変数である．

$$
\begin{aligned}
\text{X: } &\textbf{person} \ (\ \text{name} \Rightarrow \textbf{id} \ (\ \text{first} \Rightarrow \textbf{string}, \\
&\qquad\qquad\qquad\qquad \text{last} \Rightarrow \text{S: } \textbf{string}\ ), \\
&\qquad\quad \text{spouse} \Rightarrow \textbf{person} \ (\ \text{name} \Rightarrow \textbf{id} \ (\ \text{last} \Rightarrow \text{S}\ ), \\
&\qquad\qquad\qquad\qquad\quad \text{spouse} \Rightarrow \text{X}\ ))
\end{aligned}
$$

この表現が意味するのは，人(person)には名前(name)と配偶者(spouse)という属性があって，それぞれの値が **id** および **person** というタイプであること，さらに名前の値である **id** には名(first)と姓(last)という属性があり，それぞれが文字列(string)であることなどである．変数 S は人の姓がその配偶者の姓と等しいこと，X は配偶者の配偶者が自分自身であることを示す同値制約を記述している．

これを見てわかるように，ψ 項の基本的な表現は，HPSG などの素性構造表現と何ら変わることがない．前節では述べなかったが，HPSG の素性構造もタイプおよびタイプ間の階層構造をもつ．HPSG のタイプは文法情報の包含関係を記述し，知識表現言語のタイプは概念の包含関係を記述しているが，記述言語としては同じ機構である．上の ψ 項を HPSG 風の素性構造表記を使って書き直すと(5)のようになるだろう．

$$
(5) \quad \boxed{1}: \textbf{person} \begin{bmatrix} name & \textbf{\textit{id}} \begin{bmatrix} first & \textbf{\textit{string}} \\ last & \boxed{2}: \textbf{\textit{string}} \end{bmatrix} \\ spouse & \textbf{\textit{person}} \begin{bmatrix} name & \textbf{\textit{id}}[last\ \boxed{2}] \\ spouse & \boxed{1} \end{bmatrix} \end{bmatrix}
$$

タイプ付きの素性構造の道具立てがほぼそろったので，単一化の定義をもう少し正確にしておこう．タイプ間の階層関係を上位のタイプが下位のタイプを包含する関係と考える．一般に記述が持っている情報が多いほどより特殊な概念を表し，情報が少ないほどより一般的な広い概念を表す．そこで二つの ψ 項の間の**包含関係**(subsumption relation)を定義することができる．

［**定義**］ ψ 項 t_1 が t_2 に**包含**(subsume)されるとは，次の条件が満たされることである：

（1） t_1 のタイプが t_2 のタイプに包含される．

（2） t_2 に存在するすべての属性が t_1 にも存在し，それぞれの値が t_2 内の対応する値に包含される．

（3） t_2 の同値制約が t_1 でも保存されている．

つまり，t_1 は t_2 がもつすべての情報を持っていることになり，これが，t_1 が t_2 より真に多くの情報を持つ必要十分条件である．

タイプ a が b の上位概念であるとき $b < a$ と書くとし，**student** < **person**，**austin** < **cityname** であるとする．このとき，下の t_1 は t_2 に包含される．

t_1 = **student** (name $\Rightarrow$ **id** (first $\Rightarrow$ **string**,
　　　　　　　　　　　　last $\Rightarrow$ X: **string**),
　　　　　　live_at $\Rightarrow$ Y: **address** (city $\Rightarrow$ **austin**),
　　　　　　father $\Rightarrow$ **person** (name $\Rightarrow$ **id** (last $\Rightarrow$ X),
　　　　　　　　　　　　live_at $\Rightarrow$ Y))

t_2 = **person** (name $\Rightarrow$ **id** (last $\Rightarrow$ X: **string**)
　　　　　　live_at $\Rightarrow$ **address** (city $\Rightarrow$ **cityname**),
　　　　　　father $\Rightarrow$ **person** (name $\Rightarrow$ **id** (last $\Rightarrow$ X)))

項 t_1 が t_2 に包含されるとき，それを大小関係のように $t_1 \prec t_2$ と書くとする．すると，二つの項の単一化結果は，それらのどちらよりも大きくない項のうちで最大の項として定義される．言い換えれば，t_1 と t_2 の共通の下位の項の中で最大の項のことである．実は，任意に定義されたタイプ階層では，タイプ間の単一化が一意に決まる保証はない．つまり，二つのタイプの共通の下位概念の中に極大のタイプが二つ以上存在する場合がある．タイプ間の半順序が下向きに束 (lattice) になっていない場合である．このような場合には，単一化が定義できないので，タイプの選言を許すなど，タイプ階層を事前に拡張する必要がある．このような場合の取り扱いについては，Carpenter (1992) などを参照のこと．

例えば，図 4.6 のようなタイプ階層が定義されているとき，次の t_3 と t_4 の単一化結果は，t_5 となる．

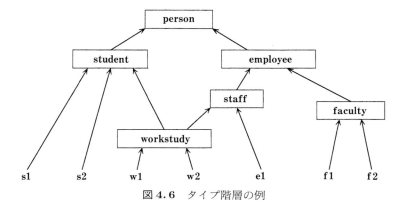

図 4.6 タイプ階層の例

t_3 = X: **student** (advisor ⇒ **faculty** (secretary ⇒ Y: **staff**,
　　　　　　　　　　　　　　　　assistant ⇒ X),
　　　　　　　　　roommate ⇒ **employee** (representative ⇒ Y))

t_4 = **employee** (advisor ⇒ **f1** (secretary ⇒ **employee**,
　　　　　　　　　　　　　　　assistant ⇒ U: **person**),
　　　　　　　　roommate ⇒ V: **student** (representative ⇒ V),
　　　　　　　　helper ⇒ **w1** (spouse ⇒ U))

t_5 = X: **workstudy** (advisor ⇒ **f1** (secretary ⇒
　　　　　　　　　　　　　　　Y: **workstudy** (representative ⇒ Y),
　　　　　　　　　　　　　　　assistant ⇒ X),
　　　　　　　　roommate ⇒ Y,
　　　　　　　　helper ⇒ **w1** (spouse ⇒ X))

ψ項をPrologの述語の引数として使うことにより，豊かな記述力をもった項を基本データとする論理型言語が定義でき，LogInと呼ばれている．命題的な知識を論理式（Prologが用いているHorn節[†]）を用いて記述することにより，KL–ONEと同じように語彙的な知識と命題的な知識をうまく融合することができる．項に関する演算がグラフ上の探索ではなく，単一化という統一的な演算で定義されており，語彙と命題のより綺麗な役割分担ができている．

ψ項の構文はHPSGやLFGの素性構造とほとんど同じなので，HPSGなどの意味情報に関する選択制限の記述にψ項を用いることは極めて自然である．例えば，「歩く」という動詞の動作主が「人間」であると書く代わりに「年齢が1つ以上の人間」などという制約なども比較的簡単に記述することができる．

(c) Frame Logic (F–Logic)

　本節で紹介している知識表現言語は，一階述語論理に比べて記述能力を高めることを目的としているのではない．そもそも一階述語論理はそれ自身部分的に**決定可能**な(semi-decidable)言語であり，すべての計算可能な問題を記述するだけの能力を持っている．前節の ψ 項や本節で述べる **Frame Logic** (F–Logic)は，意味論的には一階述語論理に留まりながら，言語の表現力を高めることを目的としている．F–Logic(Kifer et al. 1995)は，オブジェクト指向データベースやフレーム型の言語の様々な考え方を取り入れながらも一階述語論理の意味論にしたがった知識表現言語である．

　知識表現言語の性質で問題になる事項に次のようなものがある．

- クラスと個体の概念を区別するかどうか．クラスはいわば集合あるいは典型例であり，個体はそれよりも下位概念には分けられない具体物を表す．
- 属性をクラス階層にしたがって常に継承するか(**単調継承**)，あるいは例外を許すか(**非単調継承，暗黙継承**)．
- 属性の値としてただ1つの要素だけでなく集合を許すか．

クラスと個体の扱いについては，上では説明しなかったが，KL–ONEではこれらを区別して別の記法を用いている．ただし，個体は下位概念を持たないクラスと考えれば，これらの間に記法以上の違いはない．ψ 項では特にクラスと個体を区別をしていない．継承については，両者とも単調継承を仮定している．属性値については，KL–ONEでは数制約を指定するので，常に集合として扱っていることになる．

　F–Logicでは，これらすべてを区別している．ただし，クラスと個体の区別については，概念ごとに区別するのではなくて，継承ごとに区別している．つまり，ある概念は，あるクラスとの間ではクラスとしての継承を行い，別のクラスとの間では個体としての継承関係をもつことを許している．また，クラス間の継承は単調継承を仮定し，個体への継承時にのみ**上書き**(overwrite)を認めている．属性値については，集合を取る場合(集合値)と単独値(スカラー値)を取る場合を記法上区別しているが，記法上の区別であって，スカラー値は要素数が一つの集合の略記法と見なされている．また，オブジェクト指向言語で考えられている機能をかなり取り入れている．

4.2 知識表現

例を示す前に F–Logic の項(オブジェクト)の定義を示そう．オブジェクトは，基本的に ψ 項と似た次のような記法を用いて表現される．

$$O\,[\,\text{`;' で区切られたメソッドのリスト}\,]$$

'O' は，クラス名である．メソッドとは，属性と値の対に対応するが，これはオブジェクト指向言語の用語であり，一般的にはメソッド名と引数からオブジェクトへの関数であり，以下のいずれかの形をしている．KL–ONE や ψ 項における役割や属性は，引数が 0 個のメソッドに相当していると考えればよい．

(1) 値を指定するメソッド(継承不可)

　　スカラー値　$ScalarMethod@Q_1, \cdots, Q_k \rightarrow T;$

　　集合値　　　$SetMethod@Q_1, \cdots, Q_k \twoheadrightarrow \{S_1, \cdots, S_m\};$

(2) 値を指定するメソッド(継承可能)

　　スカラー値　$ScalarMethod@Q_1, \cdots, Q_k \bullet\!\!\rightarrow T;$

　　集合値　　　$SetMethod@Q_1, \cdots, Q_k \bullet\!\!\twoheadrightarrow \{S_1, \cdots, S_m\};$

(3) クラスを指定するメソッド(常に継承する)

　　スカラー値　$ScalarMethod@Q_1, \cdots, Q_k \Rightarrow (A_1, \cdots, A_r);$

　　集合値　　　$SetMethod@Q_1, \cdots, Q_k \Rrightarrow (A_1, \cdots, A_r);$

メソッド定義中の '@' の直前がメソッド名，直後が引数のリストであり，引数の値はオブジェクトである．'$\rightarrow$'，'$\bullet\!\!\rightarrow$'，'$\Rightarrow$' のように重なった矢印は値が集合であることを示している．二重矢印 '$\Rightarrow$'，'$\Rrightarrow$' は値がクラスであり，一重矢印は値が個体値であることを示す．また，'$\bullet\!\!\rightarrow$'，'$\bullet\!\!\twoheadrightarrow$' らは，上位クラスから下位へ継承可能であるが，'$\rightarrow$' と '$\twoheadrightarrow$' は継承可能でない．さらに，これらは，上位から継承されたメソッドを上書きして翻すことが許される．一方，クラス値を定義するメソッド '$\Rightarrow$' と '$\Rrightarrow$' は常に継承されると仮定される．これらの値が $(A_1, \cdots, A_r)$ となっているのは，一般にクラス値に対する制約は複数のクラスの共通部分によって定義されると考えているからであり，この記法は，$A_1, \cdots, A_r$ のすべてのクラスの性質をすべて満たすクラスであることを意味している．クラス数が一つのときは，括弧を省略してよい．クラス継承では多重継承が認められており，上位クラスがもつ継承可能なメソッドをすべて継承する．

具体例によって記法の説明をしよう．***faculty***, ***manager*** などはクラス名，矢印の左はメソッド名，phd は個体値である．

(6) $faculty[\ boss \Rightarrow (faculty, manager);$
$\qquad highestDegree \Rightarrow \mathbf{degree};$
$\qquad jointWorks@faculty \Rrightarrow article;$
$\qquad highestDegree \bullet\!\!\!\rightarrow \text{phd};$
$\qquad avrSalary \rightarrow 50000\ ]$

1行目は **faculty**(大学の教員)の上司が **faculty** かつ **manager** であること，2行目は最高学位の値が **degree** というクラスであることを示す．3行目は引数をもつメソッドの例であり，他の教員との共同研究が論文(**article**)の集合という意味である．共同研究の成果は相手によって変わることを記述している．4行目のメソッド名は2行目と同じであり，一見メソッドが多重に定義されているように見えるが，これは highestDegree というメソッドに対する二つの制約があると理解すればよい．2行目は最高学位のクラスについての制約であり，4行目はデフォルトの値(具体的な値が決まらないときに暫定的に取る値)を示している．'●→' は，この値が継承されることを示すが，最終的にある個体に継承されるときには上書きされてもよい．ただし，上書きする値が **degree** のクラスの下位クラスの値であることは2行目によって制約される．5行目は平均給料を表しており，これはこのクラスに対してのみ定義され，下位クラスへは継承されない．教員全員の平均給料はこのクラスについてのみ意味があり，教員の下位クラスである教授や講師へは当然継承されない．

このように定義されたオブジェクトには ψ 項と同様に包含関係や単一化が定義され，Horn 節による述語論理式内で用いられることにより，語彙的知識と命題的知識のハイブリッド型の知識表現となる．F–Logic は，上のように KL–ONE や ψ 項の考え方を取り込んで拡張と精密な意味付けを行っているが，意味論的には一階述語論理の範囲に留まっており，完全かつ健全な証明手続きが存在することが示されている．

LogIn や F–Logic は知識表現言語の提案であり，実際にこれらに基づいて大規模な知識ベースが作られている訳ではない．LogIn の発展形である **LIFE** (Aït-Kaci & Podelski 1993)では言語処理への応用(Aït-Kaci & Lincoln 1988)が試みられているが，大規模に使われた訳ではない．しかし，KL–ONE をはじめとするこれらの知識表現言語は，自然言語処理のための語彙知識表現に対して基礎的な考え方を提供しており，**LILOG**(Pletat 1991)や **RHET System**

(Allen 1991)など自然言語処理システムのための知識表現言語に影響を与えている．

本節の最後に，**多重継承**(multiple inheritance)の問題について，一言触れておく．本節で紹介した知識表現言語では，木構造のようにすべてのタイプについてその上位概念がただ一つに決まるような階層関係を考えている訳ではなく，複数の上位概念を持つことを許している．タイプが複数の親を持つときには，多重継承の問題をどう扱うかに注意しなければならない．多重継承を無条件で認めると，矛盾する結果が得られてしまうことがある．最も簡単な例は，**ニクソンダイヤモンド**(Nixon diamond)と呼ばれる有名な例(Touretzky 1986)である(図4.7)．ニクソンが共和党員であり，かつ，クェーカー教徒であるとする．一方，クェーカー教徒は平和主義者であり，共和党員は平和主義者でないとする．ニクソンは平和主義者であろうかそうではないであろうか？ この例は，極めて簡単な多重継承の階層構造からも矛盾が生じることを示している．

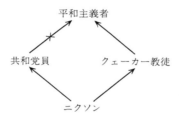

図 4.7 ニクソンダイヤモンド

多重継承の問題を解決するために様々な**暗黙推論**(default reasoning)のメカニズムが考えられた．単純に言えば，多重継承の問題を回避するには，推論結果に何らかの順序，あるいは同じことだが，優先度を定義すればよい．モデルの間に優先度を考える，述語に順序を導入する，論理式に順序を付ける，あるいは，多重階層の枝に探索の順序を付けるなど，様々な優先度による解決法が取られている．

4.3 語彙意味論

前節までで，タイプ階層と属性-値の対による素性構造および単一化に基づいた統語と意味の扱いについて説明した．そこでは特に触れなかったが，語の

意味表現における重要な問題として，次の二つがある．

意味の基本要素(semantic primitive)： 語の意味を記述するためにどのような基本要素を設定すればよいか．概念依存では，11個の基本的行為を用いていた．また，格フレームでは様々な種類の深層格が考えられ，理論および応用システムごとに異なる．ここまでで述べた統語的，意味的な記述法はあくまで記述のための枠組みであり，何を基本単位とすればよいか，またどれだけの基本要素を用意すべきかについては答えてくれない．

曖昧性(ambiguity)： 同じ表記をもつ語が複数の**語義**(sense)をもつことがあり，広く曖昧性と呼ぶ．語義の曖昧性は少なくとも2種類にわけることができる(Pustejovski 1995)．一方は，**対立的曖昧性**(contrastive ambiguity)であり，意味的に関連のない語がたまたま同じ表記をもつ場合であり，**同音異義語**(homonym)とも呼ばれる．川の土手などを指す bank と銀行の意味の bank がよく言われる例である．計算処理上ではこの区別は重要な問題であるが，語の意味記述の観点からはこれらは独立した語彙項目として記述するしかない．もう一方，**相補的曖昧性**(complementary ambiguity)は，意味関係を共有しつつも異なる振る舞いをする語の問題である．銀行という語で組織を指す場合と銀行の建物や場所を指す場合の違いがその例である．なお，英語の "open" のように意味を共有しつつ形容詞にも動詞にも使われる語があるが，同じ品詞の中での相補的曖昧性のことを特に**論理的多義**(logical polysemy)と呼ぶ．また，意味的な曖昧性とは言えないかも知れないが，複数の表層的な振る舞いを持つ動詞(**交替**，alternationという)も語にまつわる曖昧性である．多義性については，個々の語義に独立の記述を与える**語義の数え上げ**(sense enumeration)という立場と，何らかの**意味の核**(core meaning)を考えてそこから様々な語義や用法が派生すると考える立場がある．

意味の表現に関するこれらの問題とは別に，立場の問題として，**構成的意味論**(compositional semantics)の考え方がある．つまり，文の意味がそれを形作る単語や句の意味の組み合わせによって構成的に作られるかという問題であり，いろいろな批判にさらされてきた．しかし，その多くは「小さい象」(小さい象は大きいネズミより大きく，「小さい象」が「小さい物」と「象」の共通部分としては理解できないという単純な集合論に沿った議論)の類いの単純な話であ

り，モデルを偏狭に設定した上での議論であることが多い．もちろん，熟語や慣用的な語の用法のように辞書に登録せざるをえない言い回しがあるのは事実であるが，むしろ構成的な意味論をどこまで押し進めることができるか，そしてそれを可能にするためにどのようなモデルが必要かを考えるべきであろう．その一つの挑戦が第2章の話題であるモンタギュー文法であり，本節で紹介する**語彙意味論**(Lexical Semantics)のアプローチもその方向の研究である．

　4.1節で説明した，文法に対する意味的な選択制限を記述するために4.2節の意味記述を用いるという考え方は，統語中心的な言語の捉え方である．これとは逆に，意味を中心とする考え方がある．例えば，子供の言語獲得において，語の意味からその語の統語的な振る舞いが予測可能であるという仮説に基づいた**意味立ち上げ**(semantic bootstrapping)という考え方(Pinker 1989)がある．その考え方にしたがうと，動詞と名詞との間の意味的な関係がわかることによって，どのような表層表現が用いられうるかが決まることになり，子供の言語使用にその証拠を見ることができるという．動詞の意味がその統語的振る舞いを完全に決める訳ではないが，かなりの部分が予測可能であるという前提で，動詞の表層的な格の変化の振る舞いである交替現象をもとに英語の動詞を分類した研究(Levin 1993)がある．

　統語中心的な立場は，動詞の交替現象については，それぞれを個別の下位範疇化フレームで書くことになり，例えばLFGやHPSGでは統語情報と意味情報で値を共有することにより両者がリンクされることになる．LFGやHPSGを使うかどうかにかかわらず，この立場にしたがって多義性を数え上げにより表現する方法は，言語処理における統語と意味の関係の記述として標準的に使われる手法である．しかし，この立場では，相補的多義性のように互いに関連し合う語義の間の関係を適切に捉えることができない．また，統語上の表層格と意味との関係は「任意」であり，その関係に対する制約を説明することができない．また，例えば動作主体を表層上の目的格として実現するような特殊な動詞がなぜ存在しないのかを説明することができない．

　なお，格文法では，深層格は一般的な原則により生成文法の深層構造に対応付けられ，そこから変形操作によって表層構造へ派生するという立場を取ったが，言語処理における格フレームの利用は，ほとんどの場合，表層格と深層格の直接対応付けを行っている．

本節では，意味をより中心的な対象として捉える語彙意味論の立場から，**語彙概念構造**(Lexical Conceptual Structure)(Jackendoff 1990)と**生成語彙**(Generative Lexicon)(Pustejovsky 1995)について紹介し，多義性を個別に捉えず，一つの語彙記述からの生成的な説明を行う考え方の概要について述べる．

(a) 語彙概念構造

Jackendoff が提案した語彙概念構造(Lexical Conceptual Structure)は，概念表現(意味)のための基本要素の提案と，言語表現と概念表現との対応を説明するための理論である．ここではその基本的な考え方と概念の表現法を説明する．

この理論の背景にあるのは，すべての句範疇はある**概念構造**(conceptual structure)と対応し，語彙項目は引数が 0 以上の関数的な実体と対応するという仮定である．実体を表すための基本概念はすなわち意味表現のための品詞 ("semantic part of speech") と考えられ，Thing, Event, State などの名前がつけられている．概念の**実体**(Entity)は，次のような三つの視点で下位分類される．

$$(7) \quad [\text{Entity}] \rightarrow \begin{bmatrix} \text{Event/Thing/Place/State/Path/}\cdots \\ \text{Token/Type} \\ \text{F}(\text{Entity}_1, \text{Entity}_2, \cdots) \end{bmatrix}$$

Event や Thing は概念を表すタイプである．Token/Type は，個体と一般概念のことであり，言語で表現される実体はこのいずれかであることを示している．3 行目は，関数を表しているが，引数は 0 でもよい．(7)が意味するのは，すべての Entity をこの三つの異なる次元で表現するということであり，例えば，ある実体は，Event を表す Token であり，何かを引数とする関数形で表現されるなどとする．

概念を表すタイプの下位分類をいくつか示しておく．以下の記述中，中括弧 ({ $\cdots$ })は，選言を表し，いずれか 1 行の値を取るという意味である．また，アルファベットの大文字と小文字は区別しない．先頭が大文字の Event などは関数 GO などのタイプを表しているが，冗長な情報である．(後に挙げる複雑な例ではこれらのタイプを省略する．)

(8) $[\text{PLACE}] \rightarrow [_{\text{Place}} \text{PLACE\_FUNCTION}([\text{THING}])]$

$$[\text{PATH}] \rightarrow \left[_{\text{Path}} \begin{Bmatrix} \text{TO} \\ \text{FROM} \\ \ldots \\ \text{VIA} \end{Bmatrix} \left(\left[\begin{Bmatrix} \text{THING} \\ \text{PLACE} \end{Bmatrix}\right]\right)\right]$$

$$[\text{EVENT}] \rightarrow \begin{Bmatrix} [_{\text{Event}} \text{GO}([\text{THING}], [\text{PATH}])] \\ [_{\text{Event}} \text{STAY}([\text{THING}], [\text{PLACE}])] \\ [_{\text{Event}} \text{CAUSE}\left(\left[\begin{Bmatrix} \text{THING} \\ \text{EVENT} \end{Bmatrix}\right], [\text{EVENT}]\right)] \end{Bmatrix}$$

$$[\text{STATE}] \rightarrow \begin{Bmatrix} [_{\text{State}} \text{BE}([\text{THING}], [\text{PLACE}])] \\ [_{\text{State}} \text{ORIENT}([\text{THING}], [\text{PATH}])] \\ [_{\text{State}} \text{EXT}([\text{THING}], [\text{PATH}])] \end{Bmatrix}$$

これらはもちろん網羅的なリストではない．このような基本要素を用いて語彙項目がどのように表現され，文の概念構造がどのように作られるかを見てみよう．次のような統語構造をもつ文を考える．

(9) $[_{\text{S}}[_{\text{NP}} \text{ John}] [_{\text{VP}} \text{ ran} [_{\text{PP}} \text{ into} [_{\text{NP}} \text{ the room}]]]]$

この文に現れる 'run' と 'into' は，次のような語彙記述をもっている．

(10) $$\begin{bmatrix} \text{run} \\ \text{V} \\ \underline{} \langle \text{PP}_j \rangle \\ [_{\text{Event}} \text{GO}([_{\text{Thing}} \ ]_i, [_{\text{Path}} \ ]_j)])]) \end{bmatrix}$$

(11) $$\begin{bmatrix} \text{into} \\ \text{P} \\ \underline{} \text{NP}_j \\ [_{\text{Path}} \text{TO}([_{\text{Place}} \text{IN}([_{\text{Thing}} \ ]_j)])] \end{bmatrix}$$

これらが語彙概念構造における基本的な語彙項目の記述である．1 行目と 2 行目が見出しと品詞，3 行目が下位範疇化情報，4 行目が概念構造である．例えば，'run' の下位範疇化情報は，それが前置詞句 (PP) を引数としてとるが，必須ではなく任意であることを示している．かぎ括弧 '⟨ ⟩' が任意である句を示している．また，下線は語が入る位置である．一方，'into' は名詞句を必須

格として取る．概念構造内の添字 'j' はそれと同一指示する句範疇と添字を共有している．また，添字 'i' は外項すなわち主語を指示している．統語的な関係にしたがって，概念構造が構成される訳である．結局，(9)の文の概念構造は次のようになる．

(12)　　[$_{Event}$ GO([$_{Thing}$ JOHN], [$_{Path}$ TO([$_{Place}$ IN([$_{Thing}$ ROOM])])])]

次に 'enter' という動詞が次の(13)のような語彙情報をもつとすると，'John entered the room.' という文の概念構造は，まさに(12)と同一になる．(13)の下位範疇化情報を見ると，直接目的語は任意であるので，これより 'John entered.' という文も適格であることがわかる．この場合も，概念構造にはGOの第2引数の中のROOMの部分が未指定になるだけで，何かの中へ移動したという意味は失われない．

(13)　　$\begin{bmatrix} \text{enter} \\ \text{V} \\ \underline{\qquad}\langle \text{NP}_j \rangle \\ [_{Event}\ \text{GO}([_{Thing}\ ]_i, [_{Path}\ \text{TO}([_{Place}\ \text{IN}([_{Thing}\ ]_j)])])] \end{bmatrix}$

さて，生成文法でいう**意味役割**(thematic role)や格文法の深層格と語彙概念構造の考え方の関係について述べておこう．意味役割などで名付けられているAgentやThemeなどは，語彙概念構造では意味の基本要素とは考えない．むしろ，それらは，概念構造中の位置によって定義される間接的な概念でしかないと考える．

もう一つ選択制限の考え方についても述べておこう．読者も容易に推測されると思うが，選択制限は，概念構造内の引数に具体的に概念のタイプを記入しておくことによって実現される．例えば，'enter' の直接目的語が建物を表す概念しか許されないとしよう．建物に対応する概念のタイプが 'BUILDING' だとすると，(13)の概念構造は，(14)のように表現される．

(14)　　[$_{Event}$ GO([$_{Thing}$]$_i$, [$_{Path}$ TO([$_{Place}$ IN([$_{Thing}$ BUILDING]$_j$)])])]

ここに，添字の 'j' が残されたままであることに注意されたい．したがって，'enter' の直接目的語に対応する概念構造はこの位置に挿入され，すでに記入されいる概念(BUILDING)と融合される(fused)．この操作はまさにタイプの単一化に対応する．Jackendoff(1990)は，この操作を表現するのに融合(fuse)と

4.3 語彙意味論　153

いう言葉を使い，この現象を引数融合(argument fusion)と呼んでいる．

さて，表層には一つしか現れないが概念構造で複数の役割をもつ場合を考えてみよう．例えば，「買う」という概念は，買った物の所有権が売り手から買い手へ移動するとともに，金銭が買い手から売り手へ移動する．これを表現するため，'buy' の語彙記述を次のように書くことにしよう．

$$(15) \quad \begin{bmatrix} \text{buy} \\ \text{V} \\ \underline{\quad} \text{NP}_j \langle \text{from NP}_k \rangle \\ [\text{CAUSE}([\ ]_i, \begin{bmatrix} \text{GO}_{\text{Poss}}([\ ]_j, \begin{bmatrix} \text{FROM}([\ ]_k) \\ \text{TO}([\ ]_i) \end{bmatrix}) \\ [\text{EXCH}([\text{GO}_{\text{Poss}}([\text{MONEY}], \begin{bmatrix} \text{FROM}([\ ]_i) \\ \text{TO}([\ ]_k) \end{bmatrix})])] \end{bmatrix})] \end{bmatrix}$$

この概念構造には新しい表現がいくつか現れている．GO_{Poss} は所有の移動を表す．EXCH は交換(in exchange for)という意味である．[MONEY] が添字なしに記述されているのは，金銭(money)が 'buy' の意味の中に暗黙に存在することを意味している．また，添字 'i' と 'k' が複数箇所に現れていることに注意されたい．このように表層に現れる句が概念構造の中の複数箇所に現れるのは，単一化文法での取り扱いを考えると，同様に自然であるように見える．しかし，語彙概念構造では，統語構造と概念構造の同一指示と，概念構造内での同一指示を分離して考える．つまり，統語構造との同一指示はただ一つの概念構造との間だけで生じ，概念構造内の同一指示は**引数束縛**(argument binding)という別の機構で行われる．引数束縛を表すのにギリシャ文字 α, β などを使うとすると，(15)内の概念構造は(16)のように書かれることになる．統語構造と対応する添字 'i', 'j', 'k' はただ 1 カ所にのみ現れ，概念構造内の同一指示が 3 カ所の α と 2 カ所の β により行われている．(15)との違いに注意されたい．

$$(16) \quad [\text{CAUSE}([\ ]_i^\alpha, \begin{bmatrix} \text{GO}_{\text{Poss}}([\ ]_j, \begin{bmatrix} \text{FROM}([\ ]_k^\beta) \\ \text{TO}([\alpha]) \end{bmatrix}) \\ [\text{EXCH}([\text{GO}_{\text{Poss}}([\text{MONEY}], \begin{bmatrix} \text{FROM}([\alpha]) \\ \text{TO}([\beta]) \end{bmatrix})])] \end{bmatrix})]$$

さて，ここまでの議論では，本節の最初に挙げたいくつかの問題のうち，意味記述のための基本要素の問題にしか答えていない．次に，語彙概念構造による多義性の取り扱いと意味中心的な視点について説明しよう．

項構造の交替に見られる動詞の多義については，語彙概念構造は共通部分を共有したコンパクトな表現を用いることで対応している．例えば，'dress' の他動詞用法と自動詞用法がそれぞれ (17), (18) の語彙記述に対応するとする．(例えば，"Mary dressed John (in a new suit)." が他動詞用法の例，"Mary dressed (in a new suit)." が自動詞用法の例である．)

(17) $\begin{bmatrix} \text{dress} \\ \text{V} \\ \underline{\quad} \text{NP}_j \langle \text{PP}_k \rangle \\ [\text{CAUSE}([\quad]_i, [\text{GO}([\quad]_j, [\text{TO}([\text{IN}([\text{CLOTHING}])]_k)])])] \end{bmatrix}$

(18) $\begin{bmatrix} \text{dress} \\ \text{V} \\ \underline{\quad} \langle \text{PP}_k \rangle \\ [\text{CAUSE}([\quad]_i^\alpha, [\text{GO}([\alpha], [\text{TO}([\text{IN}([\text{CLOTHING}])]_k)])])] \end{bmatrix}$

これらの違いは，他動詞用法では直接目的語に現れる概念が服を着せる対象になるのに対し，自動詞用法では着せる対象が主語に現れる概念と一致するということである．これらは意味の核を共有するという意味で論理的多義であり，語彙概念構造では次の (19) のような表現によって，一つの語彙項目として表すことを許している．

(19) $\begin{bmatrix} \text{dress} \\ \text{V} \\ \underline{\quad} \langle \text{NP}_j \rangle \langle \text{PP}_k \rangle \\ [\text{CAUSE}([\quad]_i^\alpha, [\text{GO}([\{\alpha\}]_{\{j\}}, [\text{TO}([\text{IN}([\text{CLOTHING}])]_k)])])] \end{bmatrix}$

α と j を囲っている中括弧が排他的な部分を表しており，その他の部分は共有されている．この表現によると，GO の第 1 引数は，統語上の直接目的語から同一指示により満たされるか，CAUSE の第 1 引数（すなわち統語上の主語）との引数束縛によって満たされるかのいずれかである．これはいずれかが満たされれば，他方が満たされないという制約になっており，dress が自動詞，他動詞いずれか一方の用法しかとらないことを保証している．この表現は，素性構造でいえば選言的な記述に相当する．選言的素性構造については，様々な研究が行われている．例えば，Kasper (1987) などを参照のこと．なお，Jackendoff

はこの操作を語彙項目の"unify"と呼んでいるが，これを単一化と呼ぶのは紛らわしいので，ここでは**統合化**と呼ぶ．

さて，意味からの統語的振る舞いの予測について，語彙概念構造がどのように答えているかについて見てみよう．これまでの表現では，統語構造と概念構造の間に同一指示が明示的に書かれていると仮定してきた．意味すなわち概念構造から統語的振る舞いが予測できるかどうかということは，この同一指示の情報が概念構造のみから復元できるかどうかという問題に言い換えることができる．語彙概念構造では，上の語彙項目の統合化の機構を用いることによって，それを説明している．

例えば，'open'の他動詞用法("John opened the door."など)と自動詞用法("The door opened."など)は，今までの方法であれば，次のように記述される．

$$(20) \begin{bmatrix} \text{open} \\ \text{V} \\ \underline{\quad}\text{NP}_j \\ [\text{CAUSE}([\ ]_i, [\text{GO}([\ ]_j, [\text{TO}([\text{OPEN}])])])] \end{bmatrix}$$

$$(21) \begin{bmatrix} \text{open} \\ \text{V} \\ \underline{\quad} \\ [\text{GO}([\ ]_i, [\text{TO}([\text{OPEN}])])] \end{bmatrix}$$

実は，これらを統合化することは容易ではない．両者の外項(主語)の役割が概念構造内では異なるからである．一方，概念構造から統語的振る舞いが予測可能という立場をとり，統語構造との同一指示の情報，すなわち'i', 'j'などの添字をすべて不要のものと考えてみよう．ただし，項としての役割を持つという意味で'A'という記号を残し，これを**A–マーキング**(A-marking)と呼ぶ．Aはargumentの頭文字である．A-マークを残すのは，(16)の[MONEY]のようにもともと語彙項目に含まれていた実体と項として引数となっている実体を区別するためである．なお，統語的に任意の引数は，以前と同様'⟨A⟩'のようにかぎ括弧によって表す．(20), (21)の概念構造は今や(20)′, (21)′のようになる．

(20)′ [CAUSE([ ]$_A$,[GO([ ]$_A$,[TO([OPEN])])])]

(21)′ [GO([ ]$_A$,[TO([OPEN])])]

これらは容易に統合化可能であり，統合化された 'open' の語彙項目は (22) のように記述することができる．選言部分が下線によって示されている．(dress の例のように中括弧を用いて表現することが容易でないため，このような表記が用いられているだけで，本質的な違いはない．下線の部分がある場合とない場合を統合化したと理解すればよい．なお，ここでは下線に実線を用いたが，Jackendoff は破線を使っている．)

(22) $\begin{bmatrix} \text{open} \\ \text{V} \\ \underline{[\text{CAUSE}([\ ]_A,[\text{GO}([\ ]_A,[\text{TO}([\text{OPEN}])])])]} \end{bmatrix}$

概念構造から表層の統語的な振る舞いを予測するために最後に必要なのは，意味役割と統語上の句の優先度を定義するある種の階層とそれらを結び付ける一般的な規則である．前に述べたように「意味役割」は語彙概念構造の基本概念ではなく，概念構造内の A–マークされた概念引数の位置によって決められる便宜上の名前であり，A–マーク位置から写像して得られる．ここでは，それぞれの階層を**意味役割階層** (thematic hierarchy) と**統語階層** (syntactic hierarchy) として定義し，それらの間の関係と順序を決めている．それは**リンク階層** (linking hierarchy) と呼ばれ，概念構造に存在する A–マークされた意味役割と実現可能な統語句を階層の上位から順に対応付けることによって統語句へのリンクを予測する．図 4.8 に英語についての両階層とその間の対応関係を示す．

'open' の概念構造 (22) を用いてその機構を説明する．(22) は 1 カ所あるいは 2 カ所の A–マークされた概念引数を持っており，それぞれは，(20)′ と (21)′ に対応している．(22) には A–マークされた概念引数は 2 カ所あり，それぞれ Actor (CAUSE の第 1 引数) と Theme (GO の第 1 引数) である．これらは，他動詞用法では二つとも存在し，図 4.8 より，主語と直接目的語にリンクされることがわかる．同様に自動詞用法では，概念構造には Theme だけが含まれ，図 4.8 によりこれが主語に対応することがわかる．よって，"John opened the door." と "The door opened." のいずれの文も，一般的なリンク階層によって統語構造と概念構造の正しい対応付けが説明できる．

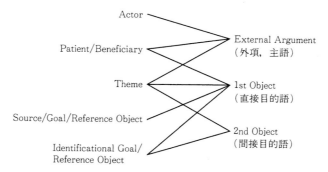

図4.8 意味役割階層と統語階層からなるリンク階層

最後に,「動作主体を表層的な目的語として実現するような特殊な動詞がなぜ存在しないのか」という本節のはじめに挙げた疑問に対して,リンク階層が簡潔な回答を与えていることを指摘しておこう.つまり,動作主体(Actor)が概念構造に存在すれば,それは統語的主語に割り当てるしかないのである.その他の意味役割は,より上位の意味役割が存在しないときに限り主語に割り当てられる.語彙概念構造では,このような機構を用いることにより,言語の概念構造と統語構造の自然な関連付けを説明している訳である.

(b) 生成語彙

語の多義性,特に,論理的多義の取り扱いに対する新しい提案として**生成語彙**(Generative Lexicon)がある.生成語彙の動機付けとなっている問題は,数え上げによる多義性の記述の不適切さにある.例えば,「よい」「小さい」「速い」などの相対的な概念を表す形容詞は,それが修飾する名詞によって様々な意味を表現し得るので,それぞれの名詞,あるいは名詞のクラスに対してこれらの意味を記述することはできない.また,「銀行」のように,ある文脈では組織を表し,ある文脈では場所や建物を表す語は多く存在するが,それぞれの概念を個別に記述することは,それらの間の共通点を認識することを不可能にする.さらに致命的なことに,「父の銀行へ行く」のように複数の語義を同時に参照せざるを得ないような表現(「父の銀行」は,父が勤める銀行,すなわち組織を指し,「銀行へ行く」は,建物あるいは場所を指す)の意味をうまく記述することができなくなる.また,「音楽を楽しむ」「音楽を聞くことを楽しむ」「バッハを楽しむ」のように異なる意味クラスに属すると考えられる名詞句を取りな

がら,動詞が共通の意味を表すことをうまく説明できない.

生成語彙では,動詞,名詞,形容詞などに共通した語彙表現を与え,いくつかの**生成的な演算**(generative operation)を用意することによって,上の疑問に答えようとしている.ただし,まだ発展途上の考え方であり,理論的には不透明な部分が多い.生成語彙は,次の四つの表現の層からなる.

項構造(argument structure):統語的に実現される項構造を記述する.

事象構造(event structure):語が表す事象とその時間的な関係を記述する.

特質構造(qualia structure):語の意味を表し,後に述べる四つの役割からなる.

語彙階層構造(lexical inheritance structure):語が表す概念間の階層構造を記述する.

これらのうち,最初の三つの構造が語彙項目の記述の枠組みを与え,語彙階層構造が具体的な記述のための基本要素を提供する.具体的な記述例を見ることによって,これらの構造を説明しよう.

図 4.9 が語彙項目の記述例である.記述は,HPSG などと同様のタイプ付き素性構造であり,四角で囲まれた数字は同一指示を表す変数である.項構造(ARGSTR)には,ARG1 と ARG2 で示される**必須項**(true argument),

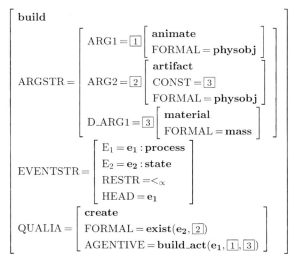

図 4.9 生成語彙による 'build' の記述例

D_ARG1 で示されている**暗黙項**(default argument)，および，図には現れていないが，**影項**(shadow argument)がある．これらは，必須格，任意格，および，語義にすでに含まれている格要素であり，それぞれ，語彙概念構造の A–マーク引数，〈 A 〉–マーク引数，マークなしの引数に対応すると考えてよい．図に現れている暗黙項は，ARG2 に対応するものを作るのに使われる材料のことを表しており，必須項ではないと考えている．

事象構造は，状態(**state**)，過程(**process**)，変化(**transition**)の値を取る 1 つ以上の事象とその間の時間関係，さらに中心的な事象(head of event，以後**主辞事象**と呼ぶ)を記述する．この記述では，二つの部分事象があり(何かを作っている過程 (e_1) および作り上がった状態 (e_2))，それらには重なりのない時間的順序があり，主辞事象(HEAD)は e_1 であることを記述している．

特質構造は，一般に次の四つの役割からなり，例ではそのうちの二つが値を持っている．

構成役割(constitutive role)：材料，内容，部分などの構成要素を表す．
形式役割(formal role)：上位概念，形，色などの静的な属性を表す．
目的役割(telic role)：その概念を用いる目的や機能を示す動作を表す．
主体役割(agentive role)：その概念を産み出す動作や原因を表す．

例えば，'book' を表現する特質構造は次のように記述される．

$$(23) \begin{bmatrix} \text{CONST} = \mathbf{information(y)} \\ \text{FORMAL} = \mathbf{bound\_pages(x) \vee disk(x)} \\ \text{TELIC} = \mathbf{read(e, w, y)} \\ \text{AGENTIVE} = \mathbf{write(e', z, y)} \end{bmatrix}$$

この表現の構成役割と形式役割により，「本」は，構成的な視点からは情報であり，実体としては，製本された形かディスクの形をとるということが示されている．このような情報は，従来の知識表現言語などでも多重継承などによって同様に記述され得るものである．生成語彙が特徴的なのは，特質構造に含まれる目的役割と主体役割である．(23) では，「本」が読むために使われるものであり，書くことによって産み出されることが記述されている．x や y などの変数にも注意されたい．**read** と **write** の第 3 引数が y であることは，読み書きされる対象が，本がもつ情報としての側面であるという意味である．読み書きす

る主体が誰かということはここでは記述されていない．(23)には記述されていないが，**x** が表す物理的物体としての本についても AGENTIVE などの情報を記述することももちろん可能である．

さて，生成語彙の本質的な特徴は，このように語に対して様々な側面の情報をもたせることにより，語の生成的な意味解釈を可能にすることにある．そのための生成的な機構 (generative device) がいくつか考えられている．ここでは，その中で重要な**強制** (coercion)，**共構成** (co-composition)，**選択束縛** (selective binding) について説明する．

タイプ強制

次のような，'begin' の用法について考えてみよう．これらは，異なる文法範疇の目的語 (下線部) を取るという意味で，異なる下位範疇化情報をもつと考えられることが多い．

(24) John began <u>a book</u>.
(25) John began <u>reading a book</u>.
(26) John began <u>to read a book</u>.

しかし，これらは類似の意味内容を表しており，これらの間の関係を正しく理解することは重要である．特質構造の情報と強制という考え方を用いることにより，それが可能であることを示そう．まず，'begin' の語彙項目は次のように表される．

$$(27) \begin{bmatrix} \textbf{begin} \\ \text{ARGSTR} = \begin{bmatrix} \text{ARG1} = \mathbf{x} : \textbf{human} \\ \text{ARG2} = \mathbf{e_2} \end{bmatrix} \\ \text{EVENTSTR} = \begin{bmatrix} \text{E}_1 = \mathbf{e_1} : \textbf{transition} \\ \text{E}_2 = \mathbf{e_2} : \textbf{transition} \\ \text{RESTR} = <_\alpha \\ \text{HEAD} = \mathbf{e_1} \end{bmatrix} \\ \text{QUALIA} = \begin{bmatrix} \text{FORMAL} = \mathbf{P}(\mathbf{e_2}, \mathbf{x}) \\ \text{AGENTIVE} = \textbf{begin\_act}(\mathbf{e_1}, \mathbf{x}, \mathbf{e_2}) \end{bmatrix} \end{bmatrix}$$

これにより，'begin' は直接目的語に事象を取ることがわかる．したがって，(25) と (26) の文については，意味上のタイプが整合しており，特に困難はな

い．問題は，(24)の文であり，名詞句が表す概念と事象の間にタイプの不整合が生じている．しかし，'begin'の語彙項目を変えることなく，強制という概念を用いて，正しい解釈を得ることができる．強制とは次のように定義される．

タイプ強制(type coercion)： 関数の引数のタイプを，その関数が予測するタイプへ変更する操作．

強制はいつでも可能と考える訳ではなく，語彙項目の中から強制が許される情報が得られる場合に限り適用される．強制に必要な情報は，引数の特質構造から探される．(23)の'book'の特質構造の目的役割(TELIC)から，これが **read** というeventタイプの動作をもつことがわかり，これがbeginの引数である e_2 に挿入されることにより，(24)の正しい解釈(Johnが本を読み始めた)が得られる．なお，beginの対象を(23)の主体役割(AGENTIVE)から取り出すことも可能である．実際，Johnが作家である場合には，むしろ主体役割から **write** という事象を取り出す解釈の方が自然である．このように，強制という考え方により，表面的には異なる用法と見られがちな統語現象を同一の意味構造に基づいて説明することができる．強制は，**換喩**(metonymy)のような生成的な言語使用を説明する機構でもある．

共構成

強制は，関数が引数のタイプを変更する操作であったが，共構成とは，関数と引数の両者が何らかの変更を強制される操作である．例えば，次の例文を見てみよう．

(**28**)　John baked a potato.

(**29**)　John baked a cake.

これらは類似の行為を表しているが，(28)では，ポテトが焼かれてその状態が変化する対象であるのに対し，(29)では，ケーキは焼くことによって作り出される対象である．その意味で，前者は**状態変化**(change of state)の動詞，後者は**創造**(creation)の動詞として働いている．これらを個別の動詞として数え上げることも可能であるが，一つの意味記述から両者を生成することは可能だろうか．生成語彙では，'bake'の語義を状態変化の動詞と見なし，創造の動詞としての意味はcakeの記述と共構成することによって得られると考えている．bakeとcakeの語彙記述が次のようになっているとしよう．

(30) $\begin{bmatrix} \textbf{bake} \\ \text{ARGSTR} = \begin{bmatrix} \text{ARG1} = \textbf{x} : \textbf{animate} \\ \text{ARG2} = \textbf{y} : \textbf{mass} \end{bmatrix} \\ \text{EVENTSTR} = \begin{bmatrix} \text{E}_1 = \textbf{e}_1 : \textbf{process} \\ \text{HEAD} = \textbf{e}_1 \end{bmatrix} \\ \text{QUALIA} = \begin{bmatrix} \textbf{state\_change} \\ \text{AGENTIVE} = \textbf{bake\_act}(\textbf{e}_1, \textbf{x}, \textbf{y}) \end{bmatrix} \end{bmatrix}$

(31) $\begin{bmatrix} \textbf{cake} \\ \text{ARGSTR} = \begin{bmatrix} \text{ARG1} = \textbf{x} : \textbf{food} \\ \text{D\_ARG1} = \textbf{y} : \textbf{mass} \end{bmatrix} \\ \text{QUALIA} = \begin{bmatrix} \text{CONST} = \textbf{y} \\ \text{FORMAL} = \textbf{x} \\ \text{TELIC} = \textbf{eat}(\textbf{e}, \textbf{z}, \textbf{x}) \\ \text{AGENTIVE} = \textbf{artifact}(\textbf{x}) \land \textbf{bake\_act}(\textbf{e}', \textbf{w}, \textbf{y}) \end{bmatrix} \end{bmatrix}$

ここには示さなかったが，potato の形式役割 (FORMAL) のタイプは自然物 (**natural_kind**) であり，これは bake の主体役割の述語 (**bake_act**) の引数である **y** のタイプ **mass** と矛盾しない．一方，cake の形式役割を見ると **x** は，主体役割の記述により人工物 (**artifact**) であり，bake の引数と整合しない．このような場合，先ほどの強制とは別に**共指定** (cospecification) と呼ばれる別の意味操作が実行されると仮定されている．共指定とは，述語が引数のタイプを選ぶのと同様に，引数が自分を支配する述語を選択する操作である．cake は人工物であり，過程の結果として生まれるものである．そこで，引数である cake の情報によって共指定が起こり，bake の事象タイプ (**process**) から変化のタイプ (**process+state**) への変更が起こる．結果として，bake は，過程の結果として得られる状態を含む "creation" の意味を持つ語として定義しなおされることになる．こうして得られる bake の新しい記述は，前掲の build と比べて，物質構造 (QUALIA) の主体役割が **bake_act** である以外は同じものになる．最後に，生成された bake への a cake の関数適用により次の (32) の表現が得られる．

(32)
$$\begin{bmatrix} \text{bake a cake} \\ \text{ARGSTR} = \begin{bmatrix} \text{ARG1} = \boxed{1} \begin{bmatrix} \text{animate} \\ \text{FORMAL} = \textbf{physobj} \end{bmatrix} \\ \text{ARG2} = \boxed{2} \begin{bmatrix} \text{cake} \\ \text{CONST} = \boxed{3} \\ \text{FORMAL} = \textbf{food} \end{bmatrix} \\ \text{D\_ARG1} = \boxed{3} \begin{bmatrix} \text{material} \\ \text{FORMAL} = \textbf{mass} \end{bmatrix} \end{bmatrix} \\ \text{EVENTSTR} = \begin{bmatrix} E_1 = e_1 : \textbf{process} \\ E_2 = e_2 : \textbf{state} \\ \text{RESTR} = <_\alpha \\ \text{HEAD} = e_1 \end{bmatrix} \\ \text{QUALIA} = \begin{bmatrix} \textbf{create} \\ \text{FORMAL} = \textbf{exist}(e_2, \boxed{2}) \\ \text{AGENTIVE} = \textbf{bake\_act}(e_1, \boxed{1}, \boxed{3}) \end{bmatrix} \end{bmatrix}$$

共構成およびその内部操作である共指定は，まだ操作として正確に定義されておらず整備が進行中の概念であると言える．上の例でも，過程を表す述語に人工物が引数で与えられたときに常に同じ振る舞いをするのかどうか，あるいは，人工物の方に強制が起って解釈されることはないのか（つまり，できあがったケーキをさらに焼くこともできる筈である）など，多くの疑問に答える必要がある．

選択束縛

前に触れた相対的な形容詞の意味について考えよう．「小さい象」は決して「小さい」という概念と「象」という概念の共通部分ではない．同じように「速い車」「速いタイピスト」「速い演説」なども「速い」という概念とそれぞれの名詞の概念の共通部分とは理解できない．このような相対的な形容詞（あるいは副詞）は，相手の語がもつ何らかの属性を修飾していると考えられる．何が「速い」かは，主辞となる名詞の意味によって決まると考えるのが自然である．

生成語彙の考え方を使うと，このような解釈の問題も容易に説明することができる．つまり，「速い」は，過程あるいは変化を修飾すると考えられるので，それが修飾する名詞がもつ動作概念，すなわち，目的役割あるいは主体役割か

ら修飾の対象を探せばよい訳である．「車」「タイピスト」「演説」の目的役割にそれぞれ，**drive**, **type**, **speak** という述語が割り当てられているとしよう．すると，「速い」のは「運転する」，「タイプを打つ」，「話す」という動作であることがわかる．

このように，修飾語と被修飾語のタイプが合わない場合，被修飾語の特質構造の中から修飾語のタイプに合う役割を探し，それを修飾する操作を**選択束縛** (selective binding) と呼んでいる．

語彙階層構造

生成語彙の四つの表現の層のうち，語彙階層構造について最後に述べておこう．これまでの説明から予測される通り，語彙階層構造は，生成語彙の意味の基本単位であるタイプの階層を定義するものである．生成語彙の階層構造で特徴的なのは，階層構造が特質構造の役割ごとに独立に定義されることである．図 4.10 に語彙階層構造の例を示すが，F, T, A のラベルがそれぞれ形式役割，目的役割，主体役割に関する階層構造を指している．これがどのように機能するかを見るために，次のような例を考えよう．

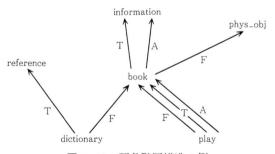

図 4.10 語彙階層構造の例

「辞書は本である」という事実は "dictionary is_a book" という階層関係と理解できるかも知れない．辞書も本も「買う」ことができるし，製本，あるいは，ディスクの形をしている．しかし，辞書は「引く」ことはできるが一般に「本を引く」とは言わない．つまり，辞書は本の下位概念であっても，すべての情報を継承する訳ではない．図 4.10 では，これをうまく説明することができる．すなわち，辞書 (dictionary) が継承するのは本 (book) の形式役割であって，目

的役割は参考図書(reference)という概念から継承されるのである．このように継承関係を詳細に区別することは多重継承の問題の一つの回避法になっていると言うことができる．

　最後に，生成語彙における概念構造と統語構造の関係について述べておこう．この関係についての生成語彙の立場は，まだかなり単純である．ただし，概念構造から統語構造が予測されるという立場は語彙概念構造と同様であり，意味から統語への写像が考えられている．基本的には，特質構造内の述語から統語への対応が考えられており，主辞事象がある場合にはそれに対応する述語から統語への写像が起ると仮定されている．主辞事象が指定されていない語では写像に曖昧性があり，複数の対応が可能になる．

　本節では，強制や共構成などの生成的な機構を説明し，タイプの異なる引数が同じ意味解釈を与え得ることを述べた．意味から統語への写像を考えると，このことは，この写像が本質的に1対多になることを意味している．生成語彙でも，意味構造から統語構造への写像を考えるときに，強制と同様の機構により，核の意味構造がタイプの変更を受けて後に統語構造へ写像されると考えている．

4.4　意味表現と語彙知識獲得

　本章では，言語処理および人工知能の立場から，概念の表現に関するいくつかの代表的な考え方を紹介し，語彙意味論で注目を集めている語彙概念構造と生成語彙について説明した．語の意味表現の研究は，人間の語彙知識がどのように構成されているかを知るための基礎でもあり，人間の語彙知識獲得についての説明を与える理論へと進展することが期待される．一方，語彙知識の構造を明らかにすることは，機械による語彙知識獲得という視点からも重要である．

　近年の急激なオンライン言語データの増加に伴って，言語データからの語彙知識獲得の研究が活発に行われるようになってきている．現在の主な研究課題は動詞の下位範疇化フレームの獲得であり，ほとんどは表層格フレームの獲得を対象にしている．多くの方法で共通しているのは，未解析あるいは解析済の大規模コーパス(テキストデータ)から動詞の統語構造を抽出し，格フレームを予測するものである．シソーラスなどの語の意味分類を利用して，同時

に選択制限を獲得する研究も行われている（この方面の研究の現状については Matsumoto & Utsuro (1998) を参照）．

　コーパスからの下位範疇化フレームの獲得では，語が持つ曖昧性が問題になり，いかに多義性の判断をしつつ語の統語的な情報を抽出するかに力が注がれている．しかし，本章で紹介したようなより深い語彙知識を仮定し，統語的な曖昧性がなぜ起るのかを意味構造から説明し，それを予測する理論の整備が進めば，より効率的かつ正確に語彙知識を獲得することが可能になるかも知れない．実際，そのような研究がすでにいくつか行われている．動詞の格構造の交替が意味構造からある程度予測可能であることを利用し，逆に語が現出する統語的な振る舞いを観察することによりその意味構造を推測しようという研究がある．Dorr ら (Dorr & Jones 1996) は，Levin (1993) の動詞のクラス分類に基づき，英語の動詞の統語的な証拠から意味クラスを予測する研究を行っている．大石ら（大石・松本 1995; Oishi & Matsumoto 1997）は，日本語の動詞の意味クラスとそれぞれのクラスで見られる交替や副詞との共起について事前に分類し，コーパスにおける統語的な出現形態に基づいて動詞の意味クラスの予測を行っている．さらに，それぞれの動詞の意味クラスの語彙概念構造による記述を行っている．また，Pustejovsky ら (Pustejovsky & Bergler 1993) は，生成語彙の特質構造の考え方を用いて，コーパス中の語の共起から多義性や換喩などの現象を考慮しつつより深い語彙知識の獲得が可能であることを示している．これらの研究は，語の深い意味構造の研究が語の使用を予測し，また，語の使用パターンが語の意味構造を予測するという相補的な研究の流れを示唆するものとして興味深い．

第 4 章のまとめ

4.1　言語処理のための基本的な語彙情報として，動詞の格フレーム（下位範疇化フレーム）と選択制限という考え方が用いられる．そのときに，意味記述のためにどのような基本要素を用いるかを見極めることが大事である．

4.2　単一化に基づく文法では，文の統語構造と意味構造の関係を密接に記述する機構が提供されている．

4.3　人工知能における知識表現言語には，語彙的知識と命題的知識の記述層を分け，それらを一階述語論理の意味論のもとで融合するハイブリッド型の言語が

いくつか提案されている．代表的なものとして，KL-ONE，LogIn，F-Logic などがある．

4.4 語彙的知識の表現にはタイプ付き素性構造と同等あるいはそれを拡張した豊かな記述法が用いられている．

4.5 言語の語彙意味論に関する研究が進んでおり，代表的なものとして，Jackendoff の語彙概念構造と Pustejovsky の生成語彙がある．

4.6 語彙概念構造では，動詞の意味構造を記述するための基本要素の提案と，動詞の統語的振る舞いと意味構造の関係を説明している．

4.7 生成語彙では，語に関する深い意味表現と意味に関する生成的な操作を考えることにより，従来多義としてとらえられていた言語現象を単一の意味記述からの派生として説明することができる．

4.8 語の深い意味構造を探る語彙意味論の発展は，今後の語彙知識獲得の研究の発展にもつながることが期待できる．

用語解説

本文中で十分説明できなかった用語について解説し，本文の該当箇所に † を付けた．

Horn 節　A_i や B を述語一つからなる論理式とするとき，$(A_1 \wedge A_2 \wedge \cdots \wedge A_n) \rightarrow B$ のように，結論部分が一つの式は，$P \rightarrow Q$ が $\neg P \vee Q$ と等価であるという事実を用いると，$\neg A_1 \vee \neg A_2 \vee \cdots \vee \neg A_n \vee B$ のように，B を除いてすべてが否定形の述語(否定リテラル)からなる論理式に変換できる．このように，選言(論理和)だけからなる論理式を節(clause)と呼び，上のように正リテラルがただ一つの節を確定節(definite clause)と呼ぶ．さらに，負リテラルのみからなり正リテラルを一つも含まない節と確定節(つまり，正リテラルが 1 個以下の節)を総称して **Horn 節**(Horn clause)と呼ぶ．

　Prolog というプログラミング言語は，プログラム本体がすべて確定節で記述され，正リテラルが 0 個の節によってプログラムが起動される言語であり，Horn 節のみを扱っている．Horn 節集合は，節やリテラルの選択法にかなり制限を与えても導出法(resolution principle)による証明の完全性が保証されるので取り扱いが容易な上，計算可能な関数がすべて記述可能であることが示されている．このような理由から，Prolog で採用されたのを始めとして，一階述語論理に基づく多くの知識表現言語で，論理式の形を Horn 節に限定している．

ロバ文(*donkey* sentence)　古くは P. Geach によって取り上げられ，今日でも，英語の代名詞の(論理)分析で引き続き重要な問題として，研究者の興味の対象となっている一連の文の略称である．典型的な例文としては，次のような文が挙げられる．

　　　Every farmer who owns a donkey beats it.

この文で，代名詞の "it" が "a donkey" を指す(先行詞とする)場合を考えると，この文は，直感的に，「ロバを所有している農夫は，誰でも(その所有している)どのロバもなぐる」というように解釈される．問題となるのは，不定名詞句の "a donkey" が，なぜ，論理的にいって，存在量化ではなく普遍量化の意味合いをもつかということである．この問題は，量化と照応の両方の問題にかかわっている．つまり，ロバ文の場合には，英語の不定名詞句が，たんに "every" のような限定詞のスコープの中に生起しているだけではなく，それが統語上その外にある代名詞と照応の関係にある．実際，次の例では，このような問題は生じない(不定名詞句の "a donkey" は，通常のように，存在量化の意味合いをもつ)．

　　　Every farmer who owns a donkey is happy.

ロバ文は，自然言語の論理分析において，きわめて重要な問題を提起しており，意味論の形式的枠組みの一つの試金石ともいえる．

読書案内

第 1 章

[1] Akmajian, A., Demers, R. & Harnish, R.(1990): *Linguistics: An Introduction to Language and Communication*, 3rd Edition. MIT Press. 三原健一・小川洋通(編注),『現代言語学入門』篠崎書林, 1992.
良く使われている言語学の一般的入門書. 意味論の章において基本的な問題が扱われている.

[2] 柴谷方良・影山太郎・田守育啓(1981):『言語の構造(意味・統語篇)』くろしお出版.
言語構造に関する中心的課題の解説書. 意味論の章において, 意味に関わる現象を幅広く解説. 練習問題も付属.

[3] Leech, G.(1974): *Semantics*. Penguin Books. 安藤貞雄(監訳), 澤田治美他(訳),『現代意味論』研究社, 1977.
意味の基本的な捉え方から始まり, 意味論と統語論の関係など, 幅広い内容をカバーしたわかりやすい入門書.

[4] Allwood, J., Andersson, L.G. & Dahl, O.(1977): *Logic in Linguistics*. Cambridge University Press. 公平珠躬・野家啓一(訳),『日常言語の論理学』産業図書, 1979.
論理学と形式意味論の入門書. 幅広く意味の諸問題を扱いながら, 練習問題などを含んでいて, 順を追って意味論の知識を得られる.

[5] 池上嘉彦(1975):『意味論』大修館書店.
記号論, 場の意味論などを中心とした詳しい意味論の解説書. 述語の語彙分解の理論や意味役割に関する記述も含まれる.

第 2 章

1. モンタギュー意味論

[1] Dowty, D., Wall, R. & Peters, S.(1981): *Introduction to Montague Semantics*. D. Reidel. 井口省吾他(訳),『モンタギュー意味論入門』三修社, 1987.
モンタギュー意味論の標準的な入門書.

[2] 白井賢一郎(1985):『形式意味論入門』産業図書.
Montague の PTQ だけではなく, UG の枠組みについても解説している. また,

Montague の内包論理についても，予備知識を前提にしないで，詳しく説明している．

2. Montague 以降の形式意味論

[3] 白井賢一郎(1991):『自然言語の意味論』産業図書．
Montague 以降の形式意味論の展開について，談話表示理論と状況意味論(および状況理論)を中心に取り上げている．また，一般量化子理論や，Montague の内包論理の問題点およびプロパティ理論についても説明している．

[4] Barwise, J. & Perry, J.(1983): *Situations and Attitudes*. MIT Press. 土屋俊他(訳),『状況と態度』産業図書，1992．
状況意味論の原点の著書．「意味の意味」を考えるうえで，必ず読むに値する本である．

[5] Barwise, J.(1989): *The Situation in Logic*. CSLI Lecture Notes 17, Stanford University.
状況理論に関する Barwise の重要な論文が収録されている．

[6] Kamp, H. & Reyle, U.(1993): *From Discourse to Logic*. Kluwer.
談話表示理論の標準的なテキスト．

[7] Asher, N.(1993): *Reference to Abstract Objects in Discourse*. Kluwer.
談話表示理論に基づく最近の重要な研究書．談話ないしはテキストの(論理的)内部構造を形式的に分析する道を切り開いている．

[8] Lappin, S.(ed.)(1996): *The Handbook of Contemporary Semantic Theory*. Blackwell.
テーマ別に最近の意味論に関する研究がまとめられている．たとえば，動的意味論についての Groenendijk et al. の論文が収録されている．形式意味論以外の立場からの論文も含むが，現在の意味論の発展状況をみるうえで，とても便利な本．

3. 言語理論のための論理学および数学的概念

[9] Allwood, J., Andersson, L.-G. & Dahl, Ö.(1977): *Logic in Linguistics*. Cambridge Textbooks in Linguistics, Cambridge University Press. 公平珠躬・野家啓一(訳),『日常言語の論理学』産業図書，1979．
言語研究者のための論理学入門書．ものたりなさは感じるが，集合論や命題論理，述語論理，様相論理，内包論理についてのわかりやすい解説書．

[10] Wall, R.(1972): *Introduction to Mathematical Linguistics*. Prentice-Hall.
言語理論で用いられる基本的な数学的概念について，予備知識を前提にしないで，ていねいに解説している．練習問題もよくできている．まず最初に，基礎を独学で勉強

するのに手頃な本.

[11] Gamut, L.T.F. (1991): *Logic, Language, and Meaning.* University of Chicago Press.
Vol.1: Introduction to Logic, Vol.2: Intensional Logic and Logical Grammar の2巻からなる．自然言語の分析を念頭においた論理学のすぐれた入門書であるだけではなく，内包論理についてもかなりのレベルまで解説している．形式意味論を理解するうえでの準備として，これまでよく利用されてきた．

[12] Partee, B., ter Meulen, A. & Wall, R. (1990): *Mathematical Methods in Linguistics.* Kluwer.
言語理論で用いられる数学的概念について，網羅的に詳しく取り上げている．大著ではあるが，独習用にも，また大学の授業でもテキストとして利用できる．たとえば，本章の中で挙げた一般量化子や（普遍）代数についてもしっかりと説明してある．

[13] Landman, F. (1991): *Structures for Semantics.* Kluwer.
形式意味論で用いられる数学的概念についての上級レベルのテキスト．ここまで準備すれば，形式意味論はなにもこわくない．

第3章

[1] Lakoff, G. & Johnson, M. (1980): *Metaphors We Live by.* The University of Chicago Press. 渡部昇一他(訳),『レトリックと人生』大修館書店, 1986.
メタファー研究．認知的アプローチの有効性を広く知らしめた記念碑的著作．

[2] Fauconnier, G. (1985): *Mental Space: Aspect of Meaning Construction in Natural Language.* MIT Press. 坂原茂他(訳),『メンタル・スペース』白水社, 1987.
指示や記述におけるメトニミー的原則の重要さや，自然言語の意味構築で働く情報分割などの認知方略を，メンタル・スペースという概念で明らかにした

[3] Lakoff, G. (1987): *Women, Fire and Dangerous Things.* The University of Chicago Press. 池上嘉彦他(訳),『認知意味論』紀伊國屋書店, 1993.
カテゴリー研究．カテゴリーをさまざまな視点から考察し，経験的実在論の立場を提唱する．

[4] Taylor, J.R. (1989): *Linguistic Categorization: Prototypes in Linguistic Theory.* Oxford University Press. 辻幸夫(訳),『認知言語学のための14章』紀伊國屋書店, 1996.
カテゴリーと語彙の意味論研究．カテゴリーと語彙の意味についてのさまざまな知見が披露されている．

[5] 認知科学, **3**(3), 1996. 特集「認知言語学」．日本認知科学会．共立出版．

田窪・金水,坂原,大堀,西村,Sweetser,Fauconnier などの論文を収録し,認知言語学のさまざまな研究動向を見ることができる.

第4章

格文法については,次の[1]が原典であるが,言語処理の立場から日本語で書かれたものとして,格文法と概念依存の簡潔な説明が[2]にある.この文献には,本章では触れなかった Wilks の優先意味論の説明もあるので合わせて参考にされたい.

[1] Fillmore, C. J. (1968): The Case for Case. In Bach, E. & Harms, T. (eds.), *Universals in Linguistic Theory*, Holt, Rinehart & Winston. 田中春美・船城道雄(監訳),『格文法の原理:言語の意味と構造』三省堂,1975.

[2] 西田豊明(1988):意味の表現と処理,田中穂積・辻井潤一(共編),『自然言語理解』オーム社.

LFG や HPSG などの単一化文法については,次の文献が詳しい.HPSG については,本文中に挙げた Pollard & Sag (1994) も参照のこと.

[3] Sells, P. (1985): Lectures on Contemporary Syntactic Theories. *CSLI Lecture Notes*, No. 3. 郡司隆男・田窪行則・石川彰(訳),『現代の文法理論』産業図書,1988.

[4] Pollard, C. J. & Sag, I. A. (1987): *Information-Based Syntax and Semantics, Vol. 1: Foundations.* CSLI, Stanford University. 郡司隆男(訳),『制約にもとづく統語論と意味論—HPSG 入門』産業図書,1994.

知識表現言語については,日本語でまとまった文献はない.少し前になるが,[5]には当時の知識表現の代表的な言語の特集が組まれている.

[5] Rich, C. (ed.) (1991): Special Issue on Implemented Knowledge Representation and Reasoning Systems. *SIGART Bulletin*, Vol. 2, No. 3.

自然言語処理のための語彙表現と継承階層については,[6]および[7]の特集が参考になるだろう.

[6] Briscoe, T., de Paiva, V. & Copestake, A. (eds.) (1993): *Inheritance, Defaults, and the Lexicon.* Cambridge University Press.

[7] Gazdar, G. & Daelemans, W. (eds.) (1992): Special Issue on Inheritance: I/II. *Computational Linguistics*, Vol. 18, No. 2/No. 3.

語彙概念構造と生成語彙については,日本語による簡潔な解説書は見当たらない.本章では,限られた紙数で閉じた記述にするために意識的に触れなかった重要な事項がある.例えば,語彙概念構造における付加語の取り扱いや,生成語彙における事象構造や複合タイプなどである.これらの理論に興味を持たれた読者は,本文でも参照した原典[8],[9]に当たられたい.また,語彙意味論のより広い話題については,[10],

[11], [12], [13] などが参考になる. なお, [12] の特集は単行本 [14] としても販売されている.

[8]　Jackendoff, R. (1990): *Semantics Structures.* MIT Press.
[9]　Pustejovsky, J. (1995): *The Generative Lexicon.* MIT Press.
[10]　Levin, B. & Pinker, S. (eds.) (1991): *Lexical and Conceptual Semantics.* Blackwell.
[11]　Saint-Dizier, P. & Viegas, E. (eds.) (1995): *Computational Lexical Semantics.* Cambridge University Press.
[12]　Pustejovsky, J. & Boguraev, B. (eds.) (1995): Special Issue on Lexical Semantics: Part I/ Part II. *Journal of Semantics*, Vol. 12, No. 1/No. 2.
[13]　Geeraerts, D. (ed.) (1996): Special Issue on Cognitive Linguistics and Jackendoff's Cognitive Approach. *Cognitive Linguistics*, Vol. 7-1.
[14]　Pustejovsky, J. & Boguraev, B. (1996): *Lexical Semantics: The Problem of Polysemy.* Oxford University Press.

参考文献

学習の手引き

Dowty, D. R. (1972) : *Studies in the Logic of Verb Aspect and Time Reference in English*. Ph. D. dissertation, University of Texas.

Dowty, D. R. (1979) : *Word Meaning and Montague Grammar: The Semantics of Verbs and Times in Generative Semantics and in Montague's PTQ*. D. Reidel.

Jackendoff, R. (1983) : *Semantics and Cognition*. MIT Press.

Jackendoff, R. (1987) : *Consciousness and the Computational Mind*. MIT Press.

Jackendoff, R. (1990) : *Semantic Structure*. MIT Press.

Lewis, D. (1970) : General semantics. *Synthese*, **22**, 18–67.

水谷静夫 (1995):『意味記述体系』 秋山書店.

Montague, R. (1973) : The proper treatment of quantification in ordinary English. In Hintikka, J. Moravcsik, J. & Suppes, P. (eds.), *Approaches to Natural Language: Proceedings of the 1970 Stanford Workshop on Grammar and Semantics*, pp. 221–242, D. Reidel, 1973. Also in Montague (1974).

Montague, R. (1974) : *Formal Philosophy*. Thomason, R. H. (ed. with Introduction), Yale University Press.

Partee, B. H. (1971) : On the requirement that transformations preserve meaning. In Fillmore, C. & Langendoen, D. T. (eds.), *Studies in Linguistic Semantics*, pp. 1–22, Holt, Rinehart and Winston.

第1章

Austin, J. L. (1962) : *How to Do Things with Words*. Harvard University Press.

Bach, E. (1968) : Nouns and noun phrases, In Bach E. & Harms, R. (eds.), *Universals in Linguistic Theory*, Holt.

Bach, E. & Partee, B. (1980) : Anaphora and semantic structure. In *Papers from the Parasessin on Pronouns and Anaphora*, Chicago Linguistic Society.

Bloomfield, L. (1933) : *Language*. Holt.

Bloch, B. & Trager, G. (1942) : *Outline of Linguistic Analysis*. Waverly Press.

Carnap, R. (1947) : *Meaning and Necessity*. Chicago University Press.

Chomsky, N. (1965) : *Aspects of the Theory of Syntax*. MIT Press.

Davidson, D. (1967): The logical form of action sentences. In Rescher, N. (ed.), *The Logic of Decision and Action*, pp. 81–120, University of Pittsburgh Press.

Donnellan, K. (1966): Reference and definite descriptions. *Philosophical Review*, **75** (3), 281–304.

Fodor, J. (1987): *Psychosemantics*. MIT Press.

Frege, G. (1952): On sense and reference. In Geach, P. & Black, M. (eds.), *Translations from teh Philosophical Writings of Gottlob Frege*, Blackwell.

Grice, H. P. (1957): Meaning. *Philosophical Review*, **66** (3), 377–388.

Grice, H. P. (1975): Logic and conversation. In Cole, P. & Morgan, J. L. (eds.), *Syntax and Semantics*, Vol. 3, Academic Press.

Hintikka, J. (1962): *Knowledge and Belief: An Introduction to the Logic of the Two Notions*. Cornell University Press.

Hornstein, N. (1990): *As Time Goes By*. MIT Press.

Karttunen, L. (1973): Presuppositions of compound sentences. *Linguistic Inquiry*, **4**, 169–193.

Katz, J. & Fodor, J. (1963): Structure of a semantic theory. *Language*, **39**, 170–210.

Katz, J. & Postal, P. (1964): *An Integrated Theory of Linguistic Description*. MIT Press.

Kempson, R. (1975): *Presupposition and the Delimitation of Semantics*. Cambridge University Press.

Kripke, S. (1972): Naming and necessity. In Davidson, D. & Harman, G. (eds.), *Semantics of Natural Language*, pp. 253–355, D. Reidel.

Kripke, S. (1977): Speaker referene and semantic reference. In French, P. et al. (eds.), *Contemporary Perspectives in the Philosophy of Language*, pp. 6–27, University of Minnesota Press.

Kuno, S. (1973): *The Structure of the Japanese Language*. MIT Press.

McCawley, J. (1970): Where do noun phrases come from. In Jacobs, R. A. & Rosenbaum, P. S. (eds.), *Readings in English Transformational Grammar*, Blaisdell.

Montague, R. (1973): The proper treatment of quantification in ordinary English. In Hintikka, J. et al. (eds.), *Approaches to Natural Language*, pp. 221–242, Reidel.

Muraki, M. (1974): *Presupposition and Thematization*. Kaitakusha.

Parsons, T. (1990): *Events in the Semantics of English: A Study in Subatomic Semantics*. MIT Press.

Partee, B. & Bach, E. (1981): Quantification, pronouns and VP anaphora. In Groenendijk, J. et al. (eds.), *Formal Methods in the Study of Language*, pp. 445–481, Mathematisch Centrum.

Prior, A. N. (1967): *Past, Present, and Future*. Oxford University Press.

Reichenbach, H. (1947): *Elements of Symbolic Logic*. Free Press.

Russell, B. (1905): On denoting. *Mind*, **14**, 479–483.

Russell, B. (1957): Mr. Strawson on referring. *Mind*, **66**, 385–389.

Sag, I. (1976): Deletion and Logical Form. Ph. D dissertation, MIT.

Saussure, F. de (1916): *Cours de linguistique generale (A Course in General Linguistics)*. Payot.

Searl, J. (1957): Proper names. *Mind*, **67**, 166–173.

Searl, J. (1970): *Speech Acts*. Cambridge University Press.

Strawson, P. F. (1950): On referring. *Mind*, **59**, 320–344.

Williams, E. (1977): Discourse and logical form. *Linguistic Inquiry*, **15**, 131–153.

安井稔・中右実・西山佑司・中村捷・山梨正明(1983):『意味論』, 英語学体系第5巻, 大修館書店.

第2章

Asher, N. (1993): *Reference to Abstract Objects in Discourse*. Kluwer.

Barwise, J. & Cooper, R. (1981): Generalized quantifiers and natural language. *Linguistics and Philosophy*, **4**, 159–219.

Barwise, J. & Perry, J. (1983): *Situations and Attitudes*. MIT Press. 土屋俊他(訳),『状況と態度』産業図書, 1992.

Chierchia, G. (1984): *Topics in the Syntax and Semantics of Infinitives and Gerunds*. Ph. D. disseration, University of Massachusetts. Also, Garland, 1988.

Chierchia, G. & Turner, R. (1988): Semantics and property theory. *Linguistics and Philosophy*, **11**, 261–302.

Dowty, R. D., Wall, R. E. & Peters, S. (1981): *Introduction to Montague Semantics*. D. Reidel. 井口省吾他(訳),『モンタギュー意味論入門』三修社, 1987.

Gibson, J. J. (1979): *The Ecological Approach to Visual Perception*. Houghton Mifflin.

Grätzer, G. (1968): *Universal Algebra*. Springer-Verlag.

Groenendijk, J. & Stokhof, M. (1991): Dynamic predicate logic. *Linguistics and Philosophy*, **14**, 39–100.

Groenendijk, J., Stokhof, M. & Veltman, F. (1996): Coreference and modality. In Lappin, S. (ed.), *The Handbook of Contemporary Semantic Theory*, pp. 179–213,

Blackwell.

Kamp, H. & Reyle, U. (1993): *From Discourse to Logic*. Kluwer.

Link, G. (1983): The logical analysis of plurals and mass terms: A lattice-theoretical approach. In Bäuerle, R. et al. (eds.), *Meaning, Use, and Interpretation of Language*, pp. 302–323, Walter de Gruyter.

Montague, R. (1974): *Formal Philosophy: Selected Papers of Richard Montague*. Yale University Press.

Pustejovsky, J. (1995): *The Generative Lexicon*. MIT Press.

白井賢一郎 (1985):『形式意味論入門――言語・論理・認知の世界』産業図書.

白井賢一郎 (1991):『自然言語の意味論――モンタギューから「状況」への展開』産業図書.

Stalnaker, R. (1986): Possible worlds and situations. *Journal of Philosophical Logic*, **15**, 109–123.

Thomason, H. R. (1980): A model theory for propositional attitudes. *Linguistics and Philosophy*, **4**, 47–70.

Veltman, F. (1991): *Defaults in Update Semantics*. ITLI Prepublication Series LP-91-02, University of Amsterdam.

第 3 章

Berlin, B. & Kay, P. (1969): *Basic Color Terms. Their Universality and Evolution*. University of California Press.

Coleman, L. & Kay, P. (1981): Prototype semantics: The English verb *lie*. *Language*, **57**(1), 26–44.

Croft, W. (1991): *Syntactic Categories and Grammatical Relations*. The University of Chicago Press.

Dixon, R. M. W. (1982): *Where Have All the Adjectives Gone? and Other Essays in Semantics and Syntax*. Mouton.

Fauconnier, G. (1985): *Mental Spaces: Aspects of Meaning Construction in Natural Language*. MIT Press. (新版. 1994. Cambridge University Press.) 坂原茂他 (訳),『メンタル・スペース』白水社, 1987.

Fauconnier, G. (1997): *Mappings in Thought and Language*. Cambridge University Press.

Fauconnier, G. & Turner, M. (1994): Conceptual projection and middle spaces. UCSD Cognitive Science Technical Report.

Fillmore, C. (1982): Frame semantics. In The Linguistic Society of Korea (ed.), *Linguistics in the Morning Calm*, pp. 111–137, Hanshin.

Goldberg, A. E. (1995): *Constructions: A Construction Grammar Approach to Argument Structure*. University of Chicago Press.

Grice, P. (1975): Logic and conversation. In Cole, P. & Morgan, J. (eds.), *Syntax and Semantics. Vol. 3: Speech Acts*, pp. 41–58, Academic Press.

Kay, P. (1990): Even. *Linguistics and Philosophy*, **13**(1), 59–111.

Labov, W. (1973): The boundaries of words and their meanings. In Bailey, C.-J. N. & Shuy, R. W. (eds.), *New Ways of Analyzing Variation in English*, pp. 340–373, Georgetown University Press.

Lakoff, G. & Johnson, M. (1980): *Metaphors We Live by*. University of Chicago Press. 渡部昇一他(訳), 『レトリックと人生』大修館書店, 1986.

Lakoff, G. (1982): Categories: an essay in cognitive linguistics. In The Linguistic Society of Korea (ed.), *Linguistics in the Morning Calm*, pp. 139–193, Hanshin.

Lakoff, G. (1987): *Women, Fire and Dangerous Things*. University of Chicago Press. 池上嘉彦他(訳), 『認知意味論』紀伊國屋書店, 1993.

Lakoff, G. (1990): The Invariance Hypothesis: is abstract reason based on image-schemas? *Cognitive Linguistics*, **1**(1), 39–74.

Langacker, R. (1987): *Foundations of Cognitive Grammar*. Vol. 1. Stanford University Press.

Langacker, R. (1991): *Foundations of Cognitive Grammar*. Vol. 2. Stanford University Press.

益岡隆志・田窪行則(1989):『基礎日本語文法』くろしお出版.

Matsumoto, Y. (1996): Subjective-change expressions in Japanese and their cognitive and linguistic bases. In Fauconnier, G. & Sweetser, E. (eds.), *Spaces, Worlds, and Grammar*, pp. 124–156, Chicago University Press.

西村義樹(1996):対照研究と認知言語学的アプローチ. 認知科学, **3**(3), 28–37.

Rosch, E. (1973): Natural categories. *Cognitive Psychology*, **4**, 328–350.

Rosch, E. (1977): Human categorization. In Warren, N. (ed.), *Advances in Cross-cultural Psychology*. Vol. 1, 1–72, Academic Press.

Reddy, M. (1979): The conduit metaphor. In Ortony, A. (ed.), *Metaphor and Thought*, pp. 284–324, Cambridge University Press.

坂原茂(1993):トートロジーについて. 東京大学教養学部外国語科研究紀要 フランス語教室論文集, 第40巻, 第2号, 57–83.

坂原茂(1995)：複合動詞「V て来る」．言語・情報．テクスト，Vol. 2, 1994-1995, 109-143, 東京大学大学院総合文化研究科言語情報科学専攻．

Sweetser, E.(1987) : The definition of *Lie*: An examination of the folk theories underlying a semantic prototype. In Holland, D. & Quinn, N.(eds.), *Cultural Models in Language and Thought*, pp. 43-66, Cambridge University Press.

Sweetser, E.(1990) : *From Etymology to Pragmatics*. Cambridge University Press.

Sweetser, E.(1996) : Changes in figures and changes in grounds: A note on change predicates, mental spaces and scalar norms. 認知科学, **3**(3), 75-86.

Wittgenstein, L.(1953) : *Philosophical Investigations*. Blackwell. 藤本隆志(訳)，『哲学探究』大修館書店，1976.

Zubin, D. & Köpcke, K. M.(1986) : Gender and folk taxonomy: The indexical relation between grammatical and lexical categorization. In Craig, C.(ed.), *Noun Classes and Categorization*, pp. 139-180, John Benjamins.

第4章

Aït-Kaci, H. & Nasr, R.(1986) : LogIn: A Logic Programming Language with Built-in Inheritance. *Journal of Logic Programming*, **3**(3), 187-215.

Aït-Kaci, H. & Lincoln, P.(1988) : LIFE A Natural Language for Natural Language. *MCC Technical Report*, No. ACA-ST-074-88, Microelectronics and Computer Technology Corporation.

Aït-Kaci, H. & Podelski, A.(1993) : Towards a Meaning of LIFE. *Journal of Logic Programming*, **16**(3), 195-234.

Allen, J. F.(1991) : The RHET System. *SIGART Bulletin*, **2**(3), 1-7.

Brachman, R. J., Fikes, R. E. & Levesque, H. J.(1983) : Krypton: A Functional Approach to Knowledge Representation. *IEEE Computer*, **16**(10), 67-73.

Brachman, R. J. & Schmolze, J. G.(1985) : An Overview of the KL-ONE Knowledge Representation System. *Cognitive Science*, **9**(2), 171-216.

Carpenter, B.(1992) : *The Logic of Typed Feature Structures*. Cambridge University Press.

Deliyanni, A. & Kowalski, R. A.(1979) : Logic and Semantic Networks. *Communications in ACM*, **22**(3), 184-192.

Dorr, B. J. & Jones, D.(1996) : Role of Word Sense Disambiguation in Lexical Acquisition: Prediciting Semantics from Syntactic Cues. *The 16th International Conference on Computational Linguistics*, **1**, 322-327.

Fillmore, C. J. (1968): The Case for Case. In Bach, E. & Harms, T. (eds.), *Universals in Linguistic Theory*, Holt, Rinehart & Winston.

Hayes, P. J. (1979): The Logic of Frames, In Metzing, D. (ed.), *Frame Conceptions and Text Understanding*, pp. 46–61, de Gruyter.

Jackendoff, R. (1990): *Semantics Structures*. MIT Press.

Kaplan, R. & Bresnan, J. (1982): Lexical-Functional Grammar: A Formal System for Grammatical Representation. In Bresnan, J. (ed.), *The Mental Representation of Grammatical Relations*, Ch. 4, pp. 173–281, MIT Press.

Kasper, R. (1987): A Unification Method for Disjunctive Feature Descriptions. *25th Annual Meeting of the ACL*, pp. 235–242.

Kifer, M., Lausen, G. & Wu, J. (1995): Logical Foundation of Object-Oriented and Frame-Based Languages. *Journal of the ACM*, **42**(4), 741–843.

Levin, B. (1993): English Verb Classes and Alternations. *University of Chicago Press*.

Matsumoto, Y. & Utsuro, T. (1998): Lexical Knowledge Acquisition. In Dale, R. Moisl, H. & Somers, H. (eds.), *A Handbook of Natural Language Processing: Techniques and Applications for the Processing of Language as Text*, Part 2, Chapter 11, Marcel Dekker Inc., (to appear).

Minsky, M. (1975): A Framework for Representing Knowledge. In Winston, P. (ed.), *The Psychology of Computer Vision*, McGraw-Hill. あるいは, In Brachman, R. J. & Levesque, H. J. (eds.), *Readings in Knowledge Representation*, pp. 246–262, Morgan Kaufmann, 1985.

大石亨・松本裕治(1995)：格パターン分析に基づく動詞の語彙知識獲得，情報処理学会論文誌, **36**(11), 2597–2610.

Oishi, A. & Matsumoto, Y. (1997): Detecting the Organization of Semantic Subclasses of Japanese Verbs. *International Journal of Corpus Linguistics*, **2**(1), 65–89.

Pinker, S. (1989): *Learnability and Cognition: The Acquisition of Argument Structure*. MIT Press.

Pletat, U. (1991): The Knowledge Representation Language L_{LILOG}. In Herzog, O. & Rollinger, C.-R. (eds.), *Text Understanding in LILOG, Lecture Notes in Artificial Intelligence*, 546, pp. 357–379.

Pollard, C. J. & Sag, I. A. (1987): *Information-Based Syntax and Semantics, Vol. 1: Foundations*. CSLI, Stanford University.

Pollard, C. J. & Sag, I. A. (1994): *Head-Driven Phrase Structure Grammar*. University of Chicago Press.

参考文献

Pustejovsky, J. (1991) : The Generative Lexicon. *Computational Linguistics*, **17** (4), 409–441.

Pustejovsky, J. & Bergler, S. (1993) : Lexical Semantic Technique for Corpus Analysis. *Computational Linguistics*, **19** (2), 331–358.

Pustejovsky, J. (1995) : *The Generative Lexicon*. MIT Press.

Schank, R. C. (1972) : Conceptual Dependency: A Theory of Natural Language Understanding. *Cognitive Psychology*, **3** (4), 552–631.

Shieber, S. M. (1986) : *An Introduction to Unification-Based Approaches to Grammar, CSLI Lecture Note, No. 4*, CSLI.

Touretzky, D. S. (1986) : *The Mathematics of Inheritance Systems*. Pitman.

索　引

A Box　　*139*
A-マーキング　　*155*
c-構造　　*131*
c-構造規則　　*133*
f-構造　　*131*
Frame Logic　　*144*
GB 理論　　*xi*
Horn 節　　*143, 169*
IS-A 階層　　*137*
IS-A 関係　　*137*
KL-ONE　　*138*
Krypton　　*139*
LIFE　　*146*
LILOG　　*146*
LogIn　　*140*
PART-OF 関係　　*137*
ψ項　　*140*
RHET System　　*146*
T Box　　*139*

ア 行

曖昧性　　*148*
アクセス関数　　*140*
値制約　　*138*
アップデート意味論　　*71, 79*
アップデート関数　　*72, 74*
暗黙継承　　*144*
暗黙推論　　*147*
イオタ演算子　　*19*
意義　　*12*
一貫性　　*135*
一項述語　　*14*

一般量化子　　*xiii*
一般量化子理論　　*53, 54*
意味解釈　　*44*
意味公準　　*9*
意味素性　　*6, 127*
意味立ち上げ　　*149*
意味ネットワーク　　*137*
意味の核　　*148*
意味の関係的規定　　*68*
意味の関係理論　　*66, 68*
意味の基本要素　　*148*
意味表示　　*44*
意味マーカ　　*127*
意味役割　　*xi, 152*
意味役割階層　　*156*
受身　　*117*

カ 行

外延　　*13, 51*
解釈意味論　　*xi*
外的意義の優先性　　*63*
概念依存　　*x, 129*
概念構造　　*150*
下位範疇化　　*135*
下位範疇化原理　　*136*
会話の含意　　*xv, 31*
格構造　　*128*
格スロット　　*128*
確定記述　　*18*
確定節文法　　*140*
格フレーム　　*127*
格文法　　*xi, 127*

家族的類似　　92
カテゴリー　　90
可能世界　　13, 45, 58
可能世界意味論　　21, 46
含意　　50
関係逆意　　10
関数　　13
完全性　　135
換喩　　103, 161
記述状況　　70
帰属的用法　　20
基本的行為　　129
基本レベル　　97
義務格　　128
逆受身　　117
規約的含意　　31
共構成　　160
共指定　　162
強制　　160
協調の原理　　31
共通領域　　108
極小モデル　　xi
クラス階層　　137
経験的実在論　　91
形式意味論　　xiii, 85
形式役割　　159
形態素　　6
結合律　　78
厳格な指定表現　　13
厳格な同一性　　27
言語運用　　3
言語学戦争　　xi
言語行為　　xv
言語的意味の規定　　69
言語能力　　3
言語の外的意義　　61
言語の心的意義　　62

言語表現の意味　　4
原理　　135
語彙意味論　　149
語彙階層構造　　158, 164
語彙概念構造　　x, 150
語彙機能文法　　43, 131
語彙分解　　x, 6
項　　14, 127
交換律　　81
項構造　　158
構成性原理　　xiv, 79, 88
構成的意味論　　148
構成役割　　159
後続斜格　　115
後続役割　　115
効率性　　58
語義　　148
　──の数え上げ　　148
古典的カテゴリー　　91
語用論　　20
コンテクスト　　57

サ 行

最小対立の対　　7
使役　　117
指示的用法　　20
事象構造　　158
時制論理学　　32
自然カテゴリー　　95
自然言語の効率性　　63
自然類　　x
シソーラス　　127
実体　　150
指定表現　　23
指標　　57
集合論　　51
修飾　　25

主観的移動　　94
主辞駆動句構造文法　　43, 131
主辞事象　　159
主体役割　　159
述語　　14, 127
述語論理学　　32
照応　　74
状況　　64
　　——のタイプ　　65
状況意味論　　xiii, 53, 61
状況理論　　71
使用者の意味　　4
情報態　　72
情報の置き違えの誤謬　　62
情報の伝播　　64
情報の部分性　　60
情報の優先性　　62
自律的な言語能力　　87
人工知能　　xii
深層格　　127
深層構造　　ix
信念の世界　　21
真理条件　　15, 45
真理条件的意味論　　45
真理条件的内容　　72
随意格　　128
推論の規則　　9
数制約　　138
ずさんな同一性　　27
斉一性　　66
生成意味論　　xi, 85
生成語彙　　xvi, 82, 157
生成的な演算　　158
生成文法　　ix
生態学的実在論　　65
精緻化　　103
静的意味論　　72

先行斜格　　115
先行役割　　115
選択制限　　128
選択束縛　　164
前提　　30
総合文　　7
想像上の移動　　94
相補的曖昧性　　148
束　　54
属性　　59
束縛　　17
束縛変項　　17
ソース領域　　104
素性構造　　132
存在量化子　　50

タ行

対格言語　　117
代数的意味論　　53, 54
タイプ階層　　137
タイプ強制　　161
タイプ構成子　　140
対立的曖昧性　　148
ターゲット領域　　104
多重継承　　147
単一化　　132, 142
単一化に基づく文法　　131
単称名辞　　18
単調継承　　144
談話表示構造　　81
談話表示理論　　xv, 53, 81
抽出演算子　　24
超プロトタイプ　　112
定義属性　　95
適切条件　　30
適用　　117
同一指示　　12

同音異義語　148
導管メタファー　106
同義語　7
統合化　155
統語階層　156
導出原理　139
統率可能な文法機能　134
同値制約　140
同調　67
動的意味論　xiv, 53, 71, 72
動的述語論理　71, 74
透明な文脈　22
特質構造　158, 159
特徴づけ属性　95
特定的　23
トートロジー　98

ナ行

内包　13, 51, 55, 59
内包論理　41, 48
内包論理学　13
ニクソンダイヤモンド　147
二項対立的カテゴリー　88
任意格　128
認知意味論　xiv
認知言語学　xiii, 86, 87
認知モジュール　87

ハ行

発話　57
発話行為　xv
発話状況　56, 69
反意語　8
範疇文法　xii, 42
伴立　28
引数束縛　153
非単調継承　144

必須格　128
必須項　158
非特定的　23
非プロトタイプ　112
表層格　127
ビリヤード・ボール・モデル　114
複合動詞　116
付値関数　72
不透明な文脈　22
部分的　60
不変仮説　110
普遍代数　54
普遍量化子　50
普遍例化　17
フレーゲの原理　→ 構成性原理
フレーム　102
フレーム意味論　86, 101
フレーム理論　137
プロトタイプ　95
プロトタイプ意味論　100
プロトタイプ効果　96
プロトタイプ的カテゴリー　88
プロパティ理論　53, 54
分析文　7
分節化談話表示構造　81
文法記述言語　140
べき集合　73
ヘッジ　95
変項　16
包含関係　141
放射状カテゴリー　103
包摂関係　6

マ行

マーカー語　x
無標　8
命題　46, 58

索　引　189

命題態度　58
メタファー　104
メトニミー　103, 161
目的役割　159
モデル理論的意味論　47, 60
モデル理論的対象　48
モンタギュー意味論　x, 39, 40
モンタギュー文法　13, 40

ヤ 行

役割　138
唯一性　135
融合　115
融合領域　108
有標　8

様相命題論理　79
様相論理　42

ラ 行

ラムダ演算子　24
ラムダ変換　24
理想認知モデル　101
領域選択　19
量化子　15
リンク階層　156
連言　50
ロバ文　75, 169
論理形式　ix
論理的多義　148

岩波オンデマンドブックス

岩波の数学入門 4

2004年7月6日 第1刷発行
2019年5月10日 オンデマンド版発行

著者　郡司隆男　阿部泰明　白井賢一郎
　　　坂原茂　松本裕治

発行者　岡本 厚

発行所　株式会社 岩波書店
　　　〒101-8002 東京都千代田区一ツ橋2-5-5
　　　電話案内 03-5210-4000
　　　https://www.iwanami.co.jp/

印刷／製本・法令印刷

© Takao Gunji, Yasuaki Abe, Ken-ichiro Shirai,
Shigeru Sakahara, Yuji Matsumoto 2019
ISBN 978-4-00-730886-4　Printed in Japan